Great Urdu Ghazals

Great Urdu Ghazals

Kuldip Salil

GREAT URDU GHAZALS
© Kuldip Salil, English translation, verses and this compilation, 2011
Original Urdu and Hindi text by Late Shri Prakash Pandit
© Hind Pocket Books, Hindi translation
First Edition, 2011
ISBN 978-81-216-1257-9

All rights reserved in all media. This book may not be reproduced in whole or in part, without written permission from the publishers, except by a reviewer who may quote brief passages in review, nor may any part of this book be reproduced, stored in a retrieval system, or transmitted, in any form or by any means, electronic, mechanical, photocopying, recording, or otherwise, without the prior permission from the publishers.

This book is sold subject to the condition that it shall not, by way of trade or otherwise, be lent, re-sold, hired out, or otherwise circulated without the publishers' prior consent in any form of binding or cover other than that in which it is published, and without a similar condition including this condition being imposed on the subsequent purchaser.

Published by
Hind Pocket Books Pvt. Ltd.
J-40, Jorbagh Lane, New Delhi-110003
Tel: 24620063, 24621011 • Fax: 24645795
E-mail: contact@fullcirclebooks.in • *website:* www.fullcirclebooks.in

Designing & Typesetting : SCANSET
J-40, Jorbagh Lane, New Delhi-110003
Printed at Nikhil Offset, Okhla Industrial Area, New Delhi-110020
PRINTED IN INDIA
11/11/01/08/20/SCANSET/CS/NP/NP/NP275/NP275

To
Deeva, Nandu
&
Sam

Contents

	Preface	13
1.	Saiyad Insha Allah Khan 'Insha'	16
	All our friends have fastened their belts	
2.	Mirza Mohammad Rafi 'Sauda'	20
	Like the tear that falls on the ground	
3.	Khawaja Mir 'Dard'	24
	Only some allegations have I earned against my name	
4.	Mir Mohammad Taqi 'Mir'	28
	All our efforts went unavailing	
5.	'Nazeer' Akbarabadi	32
	We had come from afar	
6.	Sheikh Imam Bakhsh 'Naasikh'	36
	I am leaving the mosque, O preacher	
7.	Mohammad Ibrahim 'Zauq'	40
	Life brought us hither	
8.	Bahadur Shah Zafar	44
	Neither am I a source of light to any eye	
9.	Mirza Ghalib	48
	• She is so dismissive	
	• It is heart after all	52

10.	Hakim Momin Khan 'Momin'	56
	There was an agreement between you and me	
11.	'Amir' Minai	60
	Is this the way to look after your afflicted ones	
12.	'Daag' Dehlvi	64
	Out of consideration or as a concession	
13.	Khawaja Altaf Hussain 'Haali'	68
	My endeavour is for something better than the best	
14.	'Akbar' Allahabaadi	72
	For a soul-mate, I couldn't find even one	
15.	'Riyaz' Khairabaadi	76
	Those who lost their heart here	
16.	'Bekhud' Dehlvi	80
	There was only a candle on the tomb	
17.	'Saail' Dehlvi	84
	You meet my enemy and are annoyed with me	
18.	'Saakib' Lukhnavi	88
	On the night of parting	
19.	'Jaleel' Manikpuri	92
	I will not be able to say 'no' to the Saqi	
20.	Mohammad Iqbal	96
	• Let your shining hair still brighter shine	
	• There are worlds beyond the stars too	100

21.	'Hasrat' Mohaani I try hard to forget her	104
22.	'Faani' Badayuni A puzzle never understood	108
23.	'Yaas' or 'Yagaana' Changezi O Yaas I don't understand	112
24.	'Jigar' Muradabaadi Making my way into somebody's heart	116
25.	'Firaq' Gorakhpuri Speak of those imperious eyes	120
26.	Ghulam Mustafa 'Tabbassum' The caravans which have from your pathways passed	124
27.	Harichand 'Akhtar' As I step into my youth	128
28.	'Makhmoor' Dehlvi Nobody can my destination know	132
29.	'Andleeb' Shadani You delayed your arrival	136
30.	Chirag Hasan 'Hasrat' O God, you should have done at least this much	140
31.	Saiyad Aabid Ali ' Aabid' What is the use of asking the moon and the stars	144
32.	Abdul Hameed 'Adam' The people who were purposely not seeing	148

33.	'Ravish' Siddiqui We have left the tavern	152
34.	Moeen Ahasan 'Jazbi' Why should I wish to live	156
35.	Mohammad Sanaulla Daar Saani 'Meeraji' There's no point in dwelling on what I left	160
36.	Faiz Ahmed 'Faiz' • In your love having both the worlds lost • So that the flowers flush with colour	164 168
37.	Majeed Amjad 'Amjad' How shall I complete this journey	172
38.	Ghulam Rabbani 'Taaban' Today when somebody by the way mentioned your name	176
39.	'Qateel' Shifai From your assembly where would they go	180
40.	'Shakeel' Badayuni Let not the sorrow of love the common street hit	184
41.	'Majrooh' Sultanpuri Even the wind changed its course	188
42.	'Naasir' Kazmi Never a kind glance from the bud I have had	192
43.	'Ibne-Insha' Those struck with pain of separation	196

44.	'Hafeez' Jallandhari	200
	There was nothing special in me	
45.	Majaz Lucknawi	204
	The whole world was intently listening	
46.	Jan Nissar Akhtar	208
	Some sorrow or the other is hidden in every heart	
47.	Sahir Ludhianvi	212
	Whenever I find her attention wandering	
48.	Kaifi Azmi	216
	Remove bramble and dry grass	
49.	'Nushoor' Wahidi	220
	How can I label her unfaithful	
50.	Ahmed Faraz	224
	Like withered flowers in the books	
51.	Parveen Shakir	228
	As it rained, the flowers had holes in their bodies made	
52.	Shahryar	232
	Has nothing whatever happened in your city	
53.	Naseem Nikhat	236
	For the sake of a wilderness	
54.	Mairaj Faizabadi	240
	They are putting a price on the old mother's affection	
55.	Kuldip Salil	244
	With all our wares, we are sitting in the market place	

Preface

This is a selection from the best-known Urdu ghazals, best-known not only for their popularity, but also for their quality and calibre. Urdu poetry has the unique distinction of being at once of high literary worth and popular with the common people. This is particularly true of Urdu ghazals and it becomes evident at mushairas (poetic concerts) which still attract large audiences.

Ghazal has a unique charm and beauty, and the genre in spite of changing times and different socio-economic mileus has kept its appeal intact. Its haunting melody, its delicate handling of the subject, its approach to ideas through emotions, as also its repetition of the radeef (the end word or phrase or part of the line) and its kafias (rhymes) weave a web of magic the force of which is hard to resist. It has a rare disarming quality which requires that even the hard stuff is purveyed most softly. Ghazal today is no longer confined to Persian (from where it came to India) and Urdu. It is gaining popularity in other languages too, especially in the subcontinent. But even though ghazal is being written in other languages also, it is the Urdu ghazal which has the greatest appeal. In the second half of the twentieth century, some people thought that ghazal would not be able to handle the increasingly complex and hard realities of our times. But it was a false alarm and the ghazal continues to hold sway over the elite and the commoners alike.

I am conscious of the difficulties of translating poetry from one language to the other, especially the difficulty involved in doing justice to the complex texture of the ghazal. The challenge here is the challenge of being faithful to the original and at the same time retaining at least some of its charm and beauty. It is not only the idea of the original that is to be connveyed, but its soul, its strength, its poignancy and sweetness and, if possible, its rythem and resonance should also reach the reader. One of the ways I could think of meeting this challenge is to translate the verses in rhymed couplets, provided the rhymes are natural and not forced.

For the present anthology, my thanks are first and foremost to late Shri Prakash Pandit who was a great connoisseur of Urdu poetry and knew some of the poets personally. He has made a wonderful selection giving the widest possible representation. I have only updated it. Even now, I know, some good poets have been left out. Thanks are also due to Shri O. P. Sapra and Dr. Nadeem Ahmed Qadri for their help in preparing the manuscript and reading the proofs. Their help were very valuable indeed. Last but not the least, I thank my publishers for giving me an assignment right after my heart.

Kuldip Salil
1770, Outram Lines,
Kingsway Camp,
Delhi-110009
9810052245

Great Urdu Ghazals

Saiyad Insha Allah Khan 'Insha'

Alias : 'Insha'
Name : Saiyad Insha Allah Khan
Birth : 1756 or 58 (Murshidabad)
Death : 1817 or 18 (Lucknow)

All our friends have fastened their belts and are about to start
Many of them have gone ahead and the rest are ready to depart

Trouble us not, O the scent of the spring breeze,
go your way, get apart
You are in a mood to play pranks and
we are sitting here sad and distraught

Their fancy flies to the sky and
their forehead on the Saqi's feet lies
It seems that the wine-drinkers at this moment
something else surmise.

Because of feebleness, such is our state that for hours at a stretch
Wherever the shade of a wall we find, we sit down and rest

Speak not of patience and forebearance,
O mention not ill-fame or shame
We have buried them all underground,
we've already lost the game

The whimsical heavens, O Insha,
hardly provide a moment of peace and leisure
Thank your stars if some friends find time and
sit down together.

تخلص	: انشاؔء
نام	: سید انشاءاللہ خاں
پیدائش	: 1756 یا 58 (مرشدآباد)
وفات	: 1817 یا 18 (لکھنؤ)

کمر باندھے ہوئے چلنے کو یاں سب یار بیٹھے ہیں
بہت آگے گئے، باقی جو ہیں، تیار بیٹھے ہیں

نہ چھیڑ اے نکہتِ بادِ بہاری راہ لگ اپنی
تجھے اٹھکھیلیاں سوجھی ہیں، ہم بیزار بیٹھے ہیں

تصور عرش پر ہے اور سر ہے پائے ساقی پر
غرض کچھ اور دھن میں اس گھڑی میخوار بیٹھے ہیں

یہ اپنی چال ہے افتادگی سے اب کہ پہروں تک
نظر آیا جہاں پر سایۂ دیوار بیٹھے ہیں

کہاں صبر و تحمل آہ ننگ و نام کیا شے ہے
یہاں رو پیٹ کر اُن سب کو ہم یک بار بیٹھے ہیں

بھلا گردش فلک کی چین دیتی ہے کسے انشاؔ
غنیمت ہے کہ ہم صورت یہاں دو چار بیٹھے ہیں

सैयद इन्शा अल्लाह खां 'इन्शा'

उपनाम : 'इन्शा'
नाम : सैयद इन्शा अल्लाह ख़ां
जन्म : 1756 या 58 (मुर्शिदाबाद)
देहान्त : 1817 या 18 (लखनऊ)

कमर बांधे हुए चलने को यां सब यार बैठे हैं
बहुत आगे गए, बाक़ी जो हैं, तैयार बैठे हैं

न छेड़ ऐ निकहते-बादेबहारी¹ राह लग अपनी
तुझे अठखेलियां सूझी हैं, हम बेज़ार बैठे हैं

तसव्वुर² अर्श³ पर है और सर है पा-ए-साक़ी⁴ पर
ग़रज़ कुछ और ही धुन में इस घड़ी मयख़्वार बैठे हैं

ये अपनी चाल है उफ़्तादगी⁵ से अब कि पहरों तक
नज़र आया जहां पर साया-ए-दीवार बैठे हैं

कहां सब्रो-तहम्मुल⁶ आह नंगो-नाम⁷ क्या शै है
यहां रो-पीट कर इन सब को हम यक बार बैठे हैं

भला गर्दिश फ़लक⁸ की चैन देती है किसे 'इन्शा'
ग़नीमत है कि हम-सूरत⁹ यहां दो चार बैठे हैं।

---

1. वसन्त-पवन 2. कल्पना 3. सातवां आकाश 4. साक़ी के क़दम 5. विनय अथवा दुर्बलता
6. सहनशीलता 7. लज्जा-निर्लज्जता 8. आकाश (संसार-चक्र) 9. सहजातीय

Saiyad Insha Allah Khan 'Insha'

Upnaam : 'Insha'
Naam : Saiyad Insha Allah Khan
Janam : 1756 or 58 (Murshidabad)
Dehaant : 1817 or 18 (Lucknow)

Kamar baandhe hue chalne ko yan sab yaar baithen hain
Bahut aage gaye, baaqi jo hain, taiyar baithe hain

Na chhedh ae nikahate-baadebahari[1], raah lag apni
Tujhe athkheliyan sujhi hain, hum bezaar baithein hain

Tasavvur[2] arsh[3] par hai or sar hai pa-e-saqi[4] par
Garaz kuchh aur hi dhun mein is ghadi maykhwaar baithein hain

Ye apni chaal hai uftaadagi[5] se ab ki pahron tak
Nazar aaya jahan par saaya-e-deewar baithein hain

Kahan sabro-tahammul[6] aah nango-naam[7] kya shai hai
Yahan ro-peet kar in sab ko hum yak baar baithein hain

Bhala gardish falak[8] ki chain deti hai kise 'Insha'
Ganimat hai ki hum-surat[9] yahan do char baithein hain.

---

1. Vasant-Pawan   2. Kalpana   3. Saatwan aakash   4. Saki ke kadam   5 Vinaya athwa durbalta   6 Sahansheelta   7 Lajja-Nirlajjata   8 Aakash (Sansaar-chakr)   9 Sahjatiya

Mirza Mohammad Rafi 'Sauda'

Alias : 'Sauda'
Name : Mirza Mohammad Rafi
Birth : 1714 (Delhi)
Death : 1781 (Lucknow)

Like the tear that falls on the ground and cannot come back again
You too will be lost O heart if from the eye you were to rain

Farewell O gardener, let me cast a parting glance on the garden
For, I am going to a place from where nobody doth return

Do not turn away O heart from the sword of cruelty
We will not then be able to show our face to Fidelity

If the Kaaba is broken, do not feel bad and complain
It is not the mansion of the heart that cannot be built again

O the tyrant, I said, do not indulge in this act
It is Sauda's murder, and it will be difficult to hide the fact.

تخلص	:	سودا
نام	:	مرزا محمد رفیع
پیدائش	:	1714 (دلّی)
وفات	:	1781 (لکھنؤ)

دل! مت ٹپک نظر سے کہ پایا نہ جائے گا
جوں اشک پھر زمیں سے اٹھایا نہ جائے گا

رخصت ہے باغباں کہ تک اک دیکھ لیں چمن
جاتے ہیں واں، جہاں سے پھر آیا نہ جائے گا

تیغِ جفائے یار سے دل! سر نہ پھیریو
پھر منہ وفا کو ہم سے دکھایا نہ جائے گا

کعبہ اگرچہ ٹوٹا تو کیا جائے غم ہے شیخ
کچھ قصرِ دل نہیں کہ بنایا نہ جائے گا

ظالم میں کہہ رہا تھا کہ تو اس خوں سے درگزر
سودا کا قتل ہے، یہ، چھپایا نہ جائے گا

मिर्ज़ा मोहम्मद रफ़ी 'सौदा'

उपनाम : 'सौदा'
नाम : मिर्ज़ा मोहम्मद रफ़ी
जन्म : 1714 (दिल्ली)
देहान्त : 1781 (लखनऊ)

दिल! मत टपक नज़र से कि पाया न जाएगा
जूं अश्क[1] फिर ज़मीं से उठाया न जाएगा

रुख़्सत है बाग़बां कि टुक इक देख लें चमन
जाते हैं वां, जहां से फिर आया न जाएगा

तेग़े-जफ़ा-ए-यार[2] से दिल! सर न फेरियो
फिर मुंह वफ़ा को हम से दिखाया न जाएगा

का'बा अगर्चे टूटा तो क्या जा-ए-ग़म[3] है शैख़
कुछ क़स्रे-दिल[4] नहीं कि बनाया न जाएगा

ज़ालिम मैं कह रहा था कि तू इस ख़ू[5] से दरगुज़र[6]
'सौदा' का क़त्ल है ये, छुपाया न जाएगा।

---

1. आंसू की तरह 2. प्रिया की अत्याचार रूपी कटार 3. दुखित होने का कारण 4. दिल रूपी महल 5. आदत 6. बाज़ आ जा

Mirza Mohammad Rafi 'Sauda'

Upnaam : 'Sauda'
Naam : Mirza Mohammad Rafi
Janam : 1714 (Delhi)
Dehaant : 1781 (Lucknow)

Dil! mat tapak nazar se ki paya na zayega
Jun ashq[1] phir zamin se uthaya na zayega

Rukhsat hai baaghban ki tuk ek dekh le chaman
Jaate hain wan, jahan se phir aaya na jayega

Tege-jafa-e-yaar[2] se dil ! sar na pherio
Phir muh wafa ko hum se dikhaya na jayega

Ka'ba agarche toota to kya ja-e-gham[3] hai sheikh
Kuch kasre-dil[4] nahin ki banaya na jayega

Zalim main kah raha tha ki tu is khun[5] se darguzar[6]
'Sauda' ka qatal hai yeh, chupaya na zayega.

---

1. Aansu ki tarah 2. Priya ki atyachaar rupi katar 3. Dukhit hone ka kaaran
4 Dil rupi mahal 5 Aadat 6 Baaz aa ja

Khawaja Mir 'Dard'

Alias : 'Dard'
Name : Khawaja Mir
Birth : 1721 (Delhi)
Death : 1785 (Delhi)

Only some allegations have I earned against my name
O what I have done and what for I came!

Is it life or by a storm we are hit
I am simply dying because of it

Like a candle with our eyes wet, we came to the assembly here
And drenched all over, we are leaving the fair

Everybody is on the move here, O Saqi
As long as possible, let the chalice go round prithee

O Dard, do you have any idea from which direction
These people came and which way are they heading?

تخلص	:	درؔد
نام	:	خواجہ میر
پیدائش	:	1721 (دلّی)
وفات	:	1785 (دلّی)

تہمیں چند اپنے ذرّے دھر چلے
کس لئے آئے تھے ہم، کیا کر چلے

زندگی ہے یا کوئی طوفان ہے
ہم تو اس جینے کے ہاتھوں مر چلے

شمع کی مانند ہم اس بزم میں
چشمِ تر آئے تھے دامن تر چلے

ساقیا یاں لگ رہا ہے چل چلاؤ
جب تلک بس چل سکے ساغر چلے

درؔد کچھ معلوم ہے یہ لوگ سب
کس طرف سے آئے تھے کدھر چلے

ख़्वाजा मीर 'दर्द'

उपनाम : 'दर्द'
नाम : ख़्वाजा मीर
जन्म : 1721 (दिल्ली)
देहान्त : 1785 (दिल्ली)

तुहमतें चन्द[1] अपने ज़िम्मे धर चले
किस लिए आए थे हम, क्या कर चले

ज़िन्दगी है या कोई तूफ़ान है?
हम तो इस जीने के हाथों मर चले

शम्मा की मानिंद हम इस बज़्म में
चश्मे-ए-तर[2] आए थे दामन तर[3] चले

साक़िया यां लग रहा है चल-चलाओ
जब तलक बस चल सके साग़र[4] चले

'दर्द'! कुछ मालूम है ये लोग सब
किस तरफ़ से आए थे किधर चले?

---

1. कुछ आरोप 2. गीली आंखें 3. गीला आंचल 4. शराब का प्याला (दौर)

Khawaja Mir 'Dard'

Upnaam : 'Dard'
Naam : Khawaja Mir
Janam : 1721 (Delhi)
Dehaant : 1785 (Delhi)

Tohmatein chand[1] apne zimme dhar chale
Kis liye aaye the hum, kya kar chale

Zindagi hai ya koi tufaan hai?
Hum to is jeene ke hathon mar chale

Shamma ki maanind hum is bazm mein
Chashme-e-tar[2] aaye the, daaman-tar[3] chale

Saqiya yan lag raha hai chal-chalao
Jab talak bas chal sake saagar[4] chale

'Dard'! kuch maloom hai ye log sab
Kis taraf se aaye the kidhar chale?

---

1. Kuch aaropa 2. Geeli aankhe 3. Geela anchal 4. Sharab ka Pyala (Daur)

Mir Mohammad Taqi 'Mir'

Alias : 'Mir'
Name   : Mir Mohammad Taqi
Birth : 1722 (Agra)
Death : 1810 (Lucknow)

All out effort went unavailing, the medicine could no relief bring
This heart-ailment, you can see, has now ended everything

All my youth, I cried and cried, and in old age closed my eyes
I keep awake all night, so to say, and sleep when the dawn arrives

He has his way in everything and blames me unnecessarily
Without rhyme or reason, I, the helpless one,
am credited with supremacy

All the power, I have in the affairs here, is only this much, O
I cry all night till the morning, and see the morning
somhow into the evening go

About Meer's faith and religion, you that would like to know
He sits in the temple with vermilion on his forehead, he gave up
Islam long ago.

تخلص	:	میرؔ
نام	:	میر محمد تقی
پیدائش	:	1722 (آگرہ)
وفات	:	1810 (لکھنؤ)

الٹی ہو گئیں سب تدبیریں کچھ نہ دوا نے کام کیا
دیکھا اس بیماریٔ دل نے آخر کام تمام کیا

عہدِ جوانی رو رو کاٹا، پیری میں لیں آنکھیں موند
یعنی رات بہت تھے جاگے، صبح ہوئی آرام کیا

ناحق ہم مجبوروں پر یہ تہمت ہے مختاری کی
چاہے ہیں سو آپ کرے ہیں ہم کو عبث بدنام کیا

یاں کے سپید و سیاہ میں ہم کو دخل جو ہے سو اتنا ہے
رات کو رو رو صبح کیا اور دن کو جوں جوں شام کیا

میرؔ کے دین و مذہب کو اب کیا ہو پوچھتے ان نے تو
قشقہ کھینچا دیر میں بیٹھا، کب کا ترک اسلام کیا

मीर मोहम्मद तक़ी 'मीर'

उपनाम : 'मीर'
नाम : मीर मोहम्मद तक़ी
जन्म : 1722 (आगरा)
देहान्त : 1810 (लखनऊ)

उल्टी हो गईं सब तद्बीरें कुछ न दवा ने काम किया
देखा! इस बीमारी-ए-दिल ने आख़िर काम तमाम किया

अहदे-जवानी[1] रो-रो काटा, पीरी में[2] लीं आंखें मूंद
यानी रात बहुत थे जागे, सुबह हुई आराम किया

नाहक़[3] हम मजबूरों पर ये तोहमत है मुख़्तारी की
चाहे हैं सो आप करे हैं हम को अबस[4] बदनाम किया

यां के सपेदो-सियाह[5] में हमको दख़्ल जो है सो इतना है
रात को रो-रो सुब्ह किया और दिन को जूं तूं शाम किया

'मीर' के दीन-ओ-मज़हब को अब क्या पूछते हो उनने तो
क़शक़ा खींचा[6], दैर[7] में बैठा, कब का तर्क[8] इस्लाम किया।

---

1. यौवनकाल 2. बुढ़ापे में 3-4. व्यर्थ 5. श्वेत-काला (उचित-अनुचित) 6. तिलक लगाया
7. मन्दिर 8. परित्याग

Mir Mohammad Taqi 'Mir'

Upnaam   : 'Mir'
Naam   : Mir Mohammad Taqi
Janam   : 1722 (Agra)
Dehaant : 1810 (Lucknow)

Ulti ho gayin sab tadbeerein kuch na dawa ne kaam kiya
Dekha! Is beemari-e-dil ne-aakhir kaam tamaam kiya

Ahd-e-jawani[1] ro ro kaata, peeri mein[2] li ankhein moond
Yaani raat bahut they jaage, subah hui araam kiya

Naahak[3] hum majburon par yeh tohmat hai mukhtaari ki
Chahe hain so aap karein hain hamko abas[4] badnaam kiya

Yaan ke sapaido-siyah[5] mein hamko dakhl jo hai so itna hai
Raat ko ro ro subah kiya ya din ko juun tuun shaam kiya

Mir ke din-o-mazhab ko ab kya puchtey ho unne to
Kashka kheencha[6], dahar[7] mein baitha, kab ka tark[8] islam kiya.

---

1. Yuvankaal 2. budape mein 3. -4. Vyarth 5. Shwet-Kala (uchita-anuchita)
6. Tilak lagaya 7. Mandir 8. Parityag

'Nazeer' Akbarabadi

Alias : 'Nazeer' Akbarabadi
Name : Saiyadwali Mohammad
Birth : 1735 (Delhi)
Death : 1830 (Agra)

We had come from afar, hearing of your tavern, O Saqi
But alas! We depart hence pining for drink, just as thirsty

I feel like setting this tavern on fire
For, we have everything – the wine, the cup,
the pitcher – but not the Saqi here

It was my fate to be encaged, I have no grouse against the hunter
I am dying, ah me, for want of food and water

There is no divinity left in my beloved's brow, all knit
Worshipping in the kafir's temple now I find rather fit

The heart feels not at home in the garden,
and in the desert it feels uneasy
Where shall I take this creature, so entirely crazy

O Nazir, what wrong I have done, tell me, pray
So that I celebrate my death most joyously this day.

نظیر اکبرآبادی	:	تخلص
سید ولی محمد	:	نام
1735 (دلّی)	:	پیدائش
1830 (آگرہ)	:	وفات

دور سے آئے تھے ساقی سن کے مے خانے کو ہم
بس ترستے ہی چلے افسوس! پیمانے کو ہم

مے بھی ہے مینا بھی ہے، ساغر بھی ہے ساقی نہیں
دل میں آتا ہے لگا دیں آگ مے خانے کو ہم

ہم کو پھنسنا تھا قفس میں، کیا گلہ صیاد کا
بس ترستے ہی رہے ہیں آب اور دانے کو ہم

طاقِ ابرو میں صنم کے، کیا خدائی رہ گئی
اب تو پوچھیں گے اسی کافر کے بت خانے کو ہم

باغ میں لگتا نہیں، صحرا سے گھبراتا ہے دل
اب کہاں لے جا کے بیٹھیں ایسے دیوانے کو ہم

کیا ہوئی تقصیر ہم سے، تو بتا دے اے نظیرؔ
تاکہ شادیِ مرگ سمجھیں، ایسے مر جانے کو ہم

'नज़ीर' अकबराबादी

उपनाम : 'नज़ीर' अकबराबादी
नाम : सय्यदवली मोहम्मद
जन्म : 1735 (दिल्ली)
देहान्त : 1830 (आगरा)

दूर से आए थे साक़ी सुन के मयख़ाने को हम
बस तरसते ही चले अफ़सोस! पैमाने को हम

मय[1] भी है मीना[2] भी है, साग़र[3] भी है साक़ी नहीं
दिल में आता है लगा दें आग मयख़ाने को हम

हम को फंसना था क़फ़स[4] में, क्या गिला सइयाद[5] का
बस तरसते ही रहे हैं आब[6] और दाने को हम

ताक़े-अबरू[7] में सनम[8] के, क्या खुदाई रह गई
अब तो पूजेंगे उसी काफ़िर के बुतख़ाने[9] को हम

बाग़ में लगता नहीं, सहरा[10] से घबराता है दिल
अब कहां ले जा के बैठें ऐसे दीवाने को हम

क्या हुई तक़सीर[11] हम से, तू बता दे ऐ 'नज़ीर'
ताकि शादी[12], मर्ग[13] समझें, ऐसे मर जाने को हम।

---

1. शराब 2. सुराही 3. प्याला 4. क़ैद 5. शिकारी 6. पानी 7. भृकुटि रूपी ताकचा
8. मूर्ति अथवा प्रिया 9. मूर्तिशाला 10. मरुस्थल 11. ग़लती 12. प्रसन्नता 13. मृत्यु

'Nazeer' Akbarabadi

Upnaam : 'Nazeer' Akbarabadi
Naam : Saiyadwali Mohammad
Janam : 1735 (Delhi)
Dehaant : 1830 (Agra)

Door se aaye the saqi sun ke maykhane ko hum
Bas taraste hi chale afsos ! paimaane ko hum

May[1] bhi hai meena[2] bhi hai, sagaar[3] bhi hai saki nahin
Dil mein aata hai laga dein aag maykhane ko hum

Hum ko phasna tha qafas[4] mein, kya gila saiyyaad[5] ka
Bas taraste hi rahe hain aab[6] aur daane ko hum

Taake-abru mein sanam ke, kya khudai rah gayi
Ab to pujenge usi kaafir ke butkhaane[9] ko hum

Baagh mein lagta nahin, sahra[10] se ghabrata hai dil
Ab kahan le ja ke baithein aise deewane ko hum

Kya hui taqseer[11] hamse, tu bata de Ae 'Nazeer'
Taaki shaadi[12], marg[13] samjhein, aise mar jaane ko hum.

---

1. Sharaab 2. Suraahi 3. Pyaala 4. Qaid 5. Shikari 6. Paani 7. Bhrikuti rupi taakcha 8. Murti athwa priya 9. Murtishaala 10. Marusthal 11. Galti 12. Prasannata 13. Mrityu

Sheikh Imam Bakhsh 'Naasikh'

Alias : 'Naasikh'
Name : Sheikh Imam Bakhsh
Birth : 1771 (Faizabad)
Death : 1838 (Lucknow)

I am leaving the mosque, O preacher, and heading for the tavern
And embracing the goblet there, leaving behind the pot for ablution

How could you imagine that I would bow before the idols,
O preacher
I am going to smash the idol-house by striking
my head against the idols there

With the thought of my beloved's tresses, I have tied my heart.
This is how we put the mad creature in chains and,
his mischief thwart

Because of my overwhelming love O Naasikh my sanity I had lost
And took someone for my mirror-image which he was not.

تخلص	:	ناسخ
نام	:	شیخ امام بخش
پیدائش	:	1771 (فیض آباد)
وفات	:	1838 (لکھنؤ)

واعظ مسجد سے اب جاتے ہیں مے خانے کو ہم
پھینک کر ظرفِ وضو لیتے ہیں پیمانے کو ہم

کون کرتا ہے بتوں کے آگے سجدہ زاہدا
سر کو دے دے مار کر توڑیں گے بت خانے کو ہم

باندھتے ہیں اپنے دل میں زلفِ جاناں کا خیال
اس طرح زنجیر پہناتے ہیں دیوانے کو ہم

عقل کھو دی تھی جو اے ناسخ جنونِ عشق نے
آئینہ سمجھا کیے اک عمر بیگانے کو ہم

शेख़ इमाम बख़्श 'नासिख़'

उपनाम : 'नासिख़'
नाम : शेख़ इमाम बख़्श
जन्म : 1771 (फ़ैज़ाबाद)
देहान्त : 1838 (लखनऊ)

वाइज़ा़[1]! मस्जिद से अब जाते हैं मयख़ाने को हम
फेंक कर ज़र्फ़े-वुज़ू[2] लेते हैं पैमाने को हम

कौन करता है बुतों के आगे सजदा ज़ाहिदा[3]
सर को दे-दे मार कर तोड़ेंगे बुतख़ाने[4] को हम

बांधते हैं अपने दिल में ज़ुल्फ़े-जानां का ख़्याल[5]
इस तरह ज़जीर पहनाते हैं दीवाने को हम

अक़्ल खो दी थी जो ऐ 'नासिख़' जुनूने-इश्क़[6] ने
आइना समझा किए इक उम्र बेगाने को हम।

---

1. धर्मोपदेशक 2. वुज़ू का पात्र 3. पारसा 4. मन्दिर या मूर्तिगृह 5. प्रिया के केशों की कल्पना 6. प्रेमोन्माद

Sheikh Imam Bakhsh 'Naasikh'

Upnaam : 'Naasikh'
Naam : Sheikh Imam Bakhsh
Janam : 1771 (Faizabad)
Dehaant : 1838 (Lucknow)

Waaiza!¹ Masjid se ab jaate hain maykhane ko hum
Phaink kar zarfe-wuzu² lete hain paimane ko hum

Kaun karta hai buton ke aage sajda zahida³
Sar ko de- de maar kar todenge butkhaane⁴ ko hum

Baandhate hain apne dil mein zulfe-jaana ka khayal⁵
Is tarah zanjeer pahnaate hain deewane ko hum

Aqal kho di thi jo Ae 'Naasikh' junoone-ishq⁶ ne
Aaina samjha kiye ek umr begaane ko hum.

---

1. Dharmopdeshak 2. Wuzu ka paatr 3. Paarsa 4. Mandir ya murtigriha
5. Priya ke keshon ki kalpana 6. Premonmaad

Mohammad Ibrahim 'Zauq'

Alias : 'Zauq'
Name : Mohammad Ibrahim
Birth : 1789 (Delhi)
Death : 1854 (Delhi)

Life brought us hither, death comes and takes us away, let it be
We came neither on our own volition,
nor go from here out of choice free

Better it is if we are not in the attractions of the world trapped
But what do we do if it is not possible to live unattached

Hardly a gambler like us could this chess-board have had
Every move we made, was extremely bad

Who can go with you on your journey after death, O man
You should also carry on in this world as long as you can

Be not proud of your intelligence, take it that what happens is fine
For, in this, neither your wisdom can help nor mine.

تخلص	:	ذوقؔ
نام	:	محمد ابراہیم
پیدائش	:	1789 (دلّی)
وفات	:	1854 (دلّی)

لائی حیات، آئے قضا لے چلی چلے
اپنی خوشی سے آئے نہ اپنی خوشی چلے

بہتر تو ہے یہی کہ نہ دنیا سے دل لگے
پر کیا کریں جو کام نہ بے دل لگی چلے

کم ہوں گے اس بساط پہ ہم جیسے بدقمار
جو چال ہم چلے سو نہایت بری چلے

دنیا نے کس کا راہِ فنا میں دیا ہے ساتھ
تم بھی چلے چلو یونہی جب تک چلی چلے

نازاں نہ ہو خرد پہ جو ہونا ہے، وہ ہی ہو
دانش تری نہ کچھ مری دانشوری چلے

मोहम्मद इब्राहिम 'ज़ौक़'

उपनाम : 'ज़ौक़'
नाम : मोहम्मद इब्राहिम
जन्म : 1789 (दिल्ली)
देहान्त : 1854 (दिल्ली)

लाई हयात¹ आए, क़ज़ा² ले चली चले
अपनी ख़ुशी से आए न अपनी ख़ुशी चले

बेहतर तो है यही कि न दुनिया से दिल लगे
पर क्या करें जो काम न बेदिल-लगी चले

कम होंगे इस बिसात³ पे हम जैसे बदक़मार⁴
जो चाल हम चले सो निहायत बुरी चले

दुनिया ने किसका राहे-फ़ना⁵ में दिया है साथ
तुम भी चले चलो यूंही जब तक चली चले

नाज़ां⁶ न हो ख़िरद⁷ पे जो होना है, वो ही हो
दानिश⁸ तेरी न कुछ मेरी दानिशवरी⁹ चले।

---

1. जीवन 2. मृत्यु 3. शतरंज का तख़्त 4. बुरे जुआरी 5. मृत्यु-मार्ग 6. अभिमानी
7-8. बुद्धि 9. समझदारी

Mohammad Ibrahim 'Zauq'

Upnaam : 'Zauq'
Naam   : Mohammad Ibrahim
Janam   : 1789 (Delhi)
Dehaant : 1854 (Delhi)

Laayi Hayaat[1] aaye, kaza[2] le chali chale
Apni khushi se aaye na apni khushi chale

Behtar to hai yahi ki na duniya se dil lage
Par kya karen jo kaam na bedil-lagi chale

Kam honge is bisaat[3] pe hum jaise badqumaar[4]
Jo chaal hum chale so nihayat buri chale

Duniya ne kiska raahe-faana[5] mein diya hai saath
Tum bhi chale chalo yunhi jab tak chali chale

Nazaan[6] na ho khirad[7] pe jo hona hai, woh hi ho
Daanish[8] teri na kuch meri daanishwari[9] chale.

---

1. Jeevan 2. Dehaant 3. Shatranj ka takht 4. Burey Juari 5. Mrityu-marg 6. Abhimani
7-8. Buddhi 9. Samajhdaari

Bahadur Shah Zafar

Alias : 'Zafar'
Name : Mohammad Sirajuddin Abuzafar Bahadurshah
Birth : 1775 (Delhi)
Death : 1862 (Rangoon, Burma)

Neither am I a source of light to any eye, nor of comfort to any heart
I am only a handful of dust, of no use of any sort

My friends from me are separated, my looks and lustre are lost
I am the remnant of a garden, ruined in the autumn past

Why should anybody come and pray here, why should
   anybody flowers place
Why should anybody light a candle on a tomb in such disgrace

I am not a life-giving song that one should come and hear
I am a song of parting instead, a song of sorrow and care.

تخلص	:	ظفر
نام	:	محمد سراج الدین ابوظفر بہادر شاہ
پیدائش	:	1775 (دِلّی)
وفات	:	1862 (رنگون)

نہ کسی کی آنکھ کا نور ہوں، نہ کسی کے دل کا قرار ہوں
جو کسی کے کام نہ آ سکے میں وہ ایک مشتِ غبار ہوں

میرا رنگ روپ بگڑ گیا، میرا یار مجھ سے بچھڑ گیا
جو چمن خزاں سے اجڑ گیا میں اسی کی فصلِ بہار ہوں

پۓ فاتحہ کوئی آئے کیوں، کوئی چار پھول چڑھائے کیوں
کوئی آ کے شمع جلائے کیوں، میں وہ بے کسی کا مزار ہوں

میں نہیں ہوں نغمۂ جاں فزا، مجھے سن کے کوئی کرے گا کیا
میں بڑے بروگ کی ہوں صدا، میں بڑے دکھوں کی پکار ہوں

बहादुर शाह ज़फ़र

उपनाम : 'ज़फ़र'
नाम : मोहम्मद सिराजुद्दीन अबूज़फ़र बहादुरशाह
जन्म : 1775 (दिल्ली)
देहान्त : 1862 (रंगून, बर्मा)

न किसी की आंख का नूर हूं, न किसी के दिल का क़रार हूं
जो किसी के काम न आ सके मैं वो एक मुश्ते-गुबार[1] हूं

मेरा रंग रूप बिगड़ गया, मेरा यार मुझसे बिछड़ गया
जो चमन ख़िज़ां से उजड़ गया मैं उसी की फ़स्ले-बहार[2] हूं

पए-फ़ातेहा[3] कोई आए क्यों, कोई चार फूल चढ़ाए क्यों
कोई आके शमअ़ जलाए क्यों, मैं वो बेकसी का मज़ार हूं

मैं नहीं हूं नग़मा-ए-जांफ़िज़ा[4], मुझे सुन के कोई करेगा क्या
मैं बड़े बिरोग[5] की हूं सदा[6], मैं बड़े दुखों की पुकार हूं

---

1. मुट्ठी-भर धूल 2. वसन्त ऋतु 3. मृतक की आत्मा को शान्ति पहुंचाने हेतु कुरान की आयतें पढ़ने के लिए 4. जीवन को प्रफुल्लित करने वाला 5. वियोग 6. आवाज़, पुकार

Bahadur Shah Zafar

Upnaam : 'Zafar'
Naam : Mohammad Sirajuddin Abuzafar Bahadurshah
Janam : 1775 (Delhi)
Dehaant : 1862 (Rangoon, Burma)

Na kisi ki aankh ka noor hun, na kisi ke dil ka qarar hun
Jo kisi ke kaam na aa sake main wo ek mushte-gubaar[1] hun

Mera rang roop bigad gaya, mera yaar mujhse bichhad gaya
Jo chaman khizan se ujad gaya main usi ki fasle-bahar[2] hun

Paye-fatiha[3] koi aaye kyon, koi chaar phool chadhaye kyon
Koi aake shamma jalaye kyon, main wo bekasi ka mazaar hun

Main nahin hun nagma-e-janfiza[4], mujhe sun ke koi karega kya
Main bade birog[5] ki hun sadaa[6], main bade dukhon ki pukaar hun.

---

1. Muthi-bhar dhul 2. Vasant ritu 3. Mritak ki aatma ko shanti pahuchane hetu kuran ki aayatey padene ke liye 4. Jeevan ko prafullit karne wala 5. Viyog 6. Awaz, pukar

Mirza Ghalib

Alias : Pahele 'Asad' phir 'Ghalib'
Name : Mirza Asadullah Khan
Birth : 1797 (Agra)
Death : 1869 (Delhi)

She is so dismissive, O wretched heart, that she hears no plea
How can you solve a problem, for which no solution seems to be

I invite her, of course, but O heart, so fashion it
That she cannot but pay me a visit

My rival goes about carrying your letter to my spite
And if somebody asks him what it is, he is overcome with delight

Damned be this delicacy, what use is nobleness such
That even when she is with me, I cannot touch

I just cannot lift the luggage fallen from my head
O, beyond me is the job that lies ahead

It is a fire which neither can be lighted, nor put out
Love, O Ghalib accepts no prompting from without.

تخلص	: پہلے "اسدؔ" پھر "غالبؔ"
نام	: مرزا اسد اللہ خاں
پیدائش	: 1797 (آگرہ)
وفات	: 1869 (دہلی)

نکتہ چیں ہے غمِ دل اس کو سنائے نہ بنے
کیا بنے بات جہاں بات بنائے نہ بنے

میں بلاتا تو ہوں اس کو مگر اے جذبۂ دل
اس پہ بن جائے کچھ ایسی کہ بن آئے نہ بنے

غیر پھرتا ہے لیے یوں ترے خط کو کہ اگر
کوئی پوچھے کہ یہ کیا ہے تو چھپائے نہ بنے

اس نزاکت کا برا ہو وہ بھلے ہیں تو کیا
ہاتھ آئیں تو انہیں ہاتھ لگائے نہ بنے

بوجھ وہ سر سے گرا ہے کہ اٹھائے نہ اٹھے
کام وہ آن پڑا ہے کہ بنائے نہ بنے

عشق پر زور نہیں ہے یہ وہ آتشِ غالبؔ
کہ لگائے نہ لگے اور بجھائے نہ بنے

मिर्ज़ा ग़ालिब

उपनाम : पहले 'असद' फिर 'ग़ालिब'
नाम : मिर्ज़ा असदुल्लाह ख़ां
जन्म : 1797 (आगरा)
देहान्त : 1869 (दिल्ली)

नुक़्ताचीं[1] है ग़मे-दिल उस को सुनाए न बने
क्या बने बात जहां बात बनाए न बने

मैं बुलाता तो हूं उस को, मगर ऐ जज़्बा-ए-दिल[2]
उस पे बन जाए कुछ ऐसी कि बिन आए न बने

ग़ैर फिरता है लिए यूं तेरे ख़त को कि अगर
कोई पूछे कि ये क्या है तो छुपाए न बने

इस नज़ाकत का बुरा हो, वो भले हैं तो क्या
हाथ आएं तो उन्हें हाथ लगाए न बने

बोझ वो सर से गिरा है कि उठाए न उठे
काम वो आन पड़ा है कि बनाए न बने

इश्क़ पर ज़ोर नहीं है ये वो आतिश[3] 'ग़ालिब'
कि लगाए न लगे और बुझाए न बने।

---

1. आलोचक 2. मन की भावना 3. आग

Mirza Ghalib

Upnaam : Pahele 'Asad' phir 'Ghalib'
Naam : Mirza Asadullah Khan
Janam : 1797 (Agra)
Dehaant : 1869 (Delhi)

Nuktachin[1] hai ghame-dil usko sunaye na bane
Kya bane baat, jahan baat banaye na bane

Main bulata to hun usko, magar ae jazaba-e-dil[2]
Us pe ban jaaye kuch aisi, ki bin aaye na bane

Ghair phirta hai liye yon tere khat ko ki agar
Koi poochhey ki yeh kya hai, toh chupaye na bane

Is nazakat ka bura ho, woh bhale hain to kya
Hath aayen to unhe haath lagaye na bane

Bojh woh sir se gira hai ki uthaye na uthey
Kaam woh aan pada hai ki banaye na bane

Ishq par zor nahin hai ye woh aatish[3] 'Ghalib'
Ki lagaye na lagey aur bujhaye na bane.

---

1. Alochak   2. Mann ki bhavna   3. Aag

Mirza Ghalib

Alias : Pahele 'Asad' phir 'Ghalib'
Name : Mirza Asadulla Khan
Birth : 1797 (Agra)
Death : 1869 (Delhi)

It is heart after all, not brick and stone,
   why won't it well up with pain, why
Why should anybody harass us, we shall a thousand times cry

No home, no hearth for us, no temple, no mosque
Why should anybody remove us from the thoroughfare, can we ask

Her beauty illumines all, a full waxing moon in grace
Loveliness incarnate indeed, why should she hide her face

Life's incarceration and bondage to suffering are the same thing indeed
Untill our death how can we from suffering be relieved

She is puffed up with status high, and we have to keep our
   self-respect right
How can we meet half way, why would she to her gathering invite

Alright, she is not kindhearted, nor faithful she, so
Why should anybody who loves his faith and life to her street go

What business of life, without Ghalib the miserable, has shut its door
Why should anybody cry his heart out if he's no more.

تخلص	:	پہلے "اسدؔ" پھر "غالبؔ"
نام	:	مرزا اسد اللہ خاں
پیدائش	:	1797 (آگرہ)
وفات	:	1869 (دلّی)

دل ہی تو ہے، نہ سنگ و خشت، درد سے بھر نہ آئے کیوں!
روئیں گے ہم ہزار بار، کوئی ہمیں ستائے کیوں!

دیر نہیں، حرم نہیں، در نہیں، آستاں نہیں
بیٹھے ہیں رہگزر پہ ہم، غیر ہمیں اٹھائے کیوں!

جب وہ جمالِ دلفروز، صورتِ مہرِ نیم روز
آپ ہی ہو نظارہ سوز، پردے میں منہ چھپائے کیوں!

قیدِ حیات و بندِ غم، اصل میں دونوں ایک ہیں
موت سے پہلے، آدمی غم سے نجات پائے کیوں!

واں وہ غرورِ عزّ و ناز، یاں یہ حجاب پاسِ وضع
راہ میں ہم ملیں کہاں، بزم میں وہ بلائے کیوں!

ہاں وہ نہیں خدا پرست، جاؤ وہ بے وفا سہی
جس کو ہو دین و دل عزیز، اس کی گلی میں جائے کیوں!

غالبؔ خستہ کے بغیر کون سے کام بند ہیں!
روئیے زار زار کیا، کیجئے ہائے ہائے کیوں!

मिर्ज़ा ग़ालिब

उपनाम : पहले 'असद' फिर 'ग़ालिब'
नाम : मिर्ज़ा असदुल्ला ख़ां
जन्म : 1797 (आगरा)
देहान्त : 1869 (दिल्ली)

दिल ही तो है न संगो-ख़िश्त¹, दर्द से भर न आए क्यों
रोयेंगे हम हज़ार बार, कोई हमें सताए क्यों

दैर नहीं, हरम नहीं, दर नहीं, आस्तां नहीं
बैठे हैं रहगुज़र पे हम, ग़ैर हमें उठाए क्यों

जब वो जमाले-दिल-फ़रोज़² सूरते-मेहरे-नीमरोज़³
आप ही हो नज़ारा सोज़, पर्दे में मुंह छिपाये क्यों

क़ैदे-हयातो-बन्दे-ग़म⁴, अस्ल में दोनों एक हैं
मौत से पहले आदमी ग़म से निजात पाए क्यों

वां वो ग़ुरूरे-इज़्ज़ो-नाज़⁵ यां यह हिजाबे-पासे-वज़्अ⁶
राह में हम मिलें कहां, बज़्म में वो बुलाए क्यों

हां वो नहीं खुदा परस्त, जाओ वो बेवफ़ा सही
जिसको हो दीनो-दिल अज़ीज़, उसकी गली में जाए क्यों

'ग़ालिबे'-ख़स्ता'⁷ के बग़ैर कौन से काम बंद हैं
रोइए ज़ार-ज़ार⁸ क्या कीजिए हाय हाय क्यों।

---

1. ईंट पत्थर 2. मन को प्रकाशित करने वाला रूप 3. दोपहर के सूर्य की भांति
4. जीवन-कारा और दुख बंधन 5. अपनी शान का गर्व 6. अपनी व्यवहार प्रणाली को न बदलने का संकोच 7. दुर्दशाग्रस्त ग़ालिब 8. फूट-फूट कर

Mirza Ghalib

Upnaam : Pahele 'Asad' phir 'Ghalib'
Naam : Mirza Asadulla Khan
Janam : 1797 (Agra)
Dehaant : 1869 (Delhi)

Dil hi to hai na sango-khisht[1], dard se bhar na aaye kyon
royenge hum hazar baar, koi hamein sataye kyon

Dair nahin, harum nahin, dar nahin, aastan nahin
Baithe hain rahguzar pe hum, ghair hamain uthaye kyon

Jab woh jamale-dil-faroz[2] suratey-mehare-neemroz[3]
aap hi ho nazara soz, pardey mein muh chhipaye kyon

Qaide-hayato-bande-ghum[4], asal mein dono ek hain
maut se pahale aadmi ghum se nijat paye kyon

Wan woh gururey-izzo-naaz[5] yaan yeh hijabe-paase-vaza[6]
Raah mein hum miley kahan, bazm mein woh bulaey kyon

Haan woh nahin khuda parast, jao woh bewafa sahi
jisko ho dino-dil aziz, uski gali mein jaye kyon

'Ghalibe'-khasta[7] ke bagair kaun se kaam band hain
roiye zaar-zaar[8] kya kijiye haye-haye kyon.

---

1. Et patthar 2. Mann ko prakashit karne wala roop 3. Dopahar ke surya ki bhanti
4. Jeevan-kara aur dukh bandhan 5. Apni shaan ka garv 6. Apni vyahar pranali ko na badalne ka sankoch 7. Durdashagrast Ghalib 8. foot-foot kar

Hakim Momin Khan 'Momin'

Alias : 'Momin'
Name : Hakim Momin Khan
Birth : 1801 (Delhi)
Death : 1852 (Delhi)

There was an agreement between you and me,
you may or may not remember
That is, always to be each other's buddy,
you may or may not remember

The joy that you gave me earlier, and the kindness you showed
I remember every bit of it, you may or may not remember

The new complaints each day, those lovely anecdotes
And that getting offended at any pretext,
you may or may not remember

If ever some thing happened that hurt you
You would immediately come and tell me too,
you may or may not remember

There was a time when we loved each other and met frequently
A time when there was between us intimacy,
you may or may not remember

You would get annoyed on the night of union and
not listen to me at all
And go on saying 'no', 'no', you may or may not remember

The person with whom you were so close and
whom you considered a faithful one
I am the same love-lorn Momin, you may or may not remember.

تخلص	:	مومنؔ
نام	:	حکیم مومن خاں
پیدائش	:	1801 (دلّی)
وفات	:	1852 (دلّی)

وہ جو ہم میں تم میں قرار تھا، تمہیں یاد ہو کہ نہ یاد ہو
وہی یعنی وعدہ نباہ کا، تمہیں یاد ہو کہ نہ یاد ہو

وہ جو لطف مجھ پہ تھے پیشتر، وہ کرم کہ تھا مرے حال پر
مجھے یاد سب ہے ذرا ذرا، تمہیں یاد ہو کہ نہ یاد ہو

وہ نئے گلے، وہ شکایتیں، وہ مزے مزے کی حکایتیں
وہ ہر ایک بات پہ روٹھنا، تمہیں یاد ہو کہ نہ یاد ہو

کوئی بات ایسی اگر ہوئی کہ تمہارے جی کو بری لگی
تو بیاں سے پہلے ہی بولنا، تمہیں یاد ہو کہ نہ یاد ہو

کبھی ہم میں تم میں بھی چاہ تھی، کبھی ہم سے تم سے بھی راہ تھی
کبھی ہم بھی تم بھی تھے آشنا، تمہیں یاد ہو کہ نہ یاد ہو

وہ بگڑنا وصل کی رات کا، وہ نہ ماننا کسی بات کا
وہ نہیں نہیں کی ہر آں صدا، تمہیں یاد ہو کہ نہ یاد ہو

جسے آپ گنتے تھے آشنا، جسے آپ کہتے تھے باوفا
میں وہی ہوں مومنؔ مبتلا، تمہیں یاد ہو کہ نہ یاد ہو

हकीम मोमिन ख़ां 'मोमिन'

उपनाम : 'मोमिन'
नाम : हकीम मोमिन ख़ां
जन्म : 1801 (दिल्ली)
देहान्त : 1852 (दिल्ली)

वो जो हम में तुम में क़रार था, तुम्हें याद हो कि न याद हो
वही यानी वादा निबाह का, तुम्हें याद हो कि न याद हो

वो जो लुत्फ़[1] मुझ पे थे पेशतर[2], वो करम[3] कि था मेरे हाल पर
मुझे सब है याद ज़रा-ज़रा, तुम्हें याद हो कि न याद हो

वो नए गिले, वो शिकायतें, वो मज़े-मज़े की हिकायतें[4]
वो हर एक बात पे रूठना, तुम्हें याद हो कि न याद हो

कोई बात ऐसी अगर हुई कि तुम्हारे जी को बुरी लगी
तो बयां[5] से पहले ही बोलना, तुम्हें याद हो कि न याद हो

कभी हम में तुम में भी चाह थी, कभी हम से तुम से भी राह थी
कभी हम भी तुम भी थे आशना[6], तुम्हें याद हो कि न याद हो

वो बिगड़ना वस्ल[7] की रात का, वो न मानना किसी बात का
वो नहीं-नहीं की हर आं[8] सदा, तुम्हें याद हो कि न याद हो

जिसे आप गिनते थे आशना, जिसे आप कहते थे बावफ़ा
मैं वही हूं 'मोमिन'-ए-मुब्तिला[9], तुम्हें याद हो कि न याद हो

---

1. कृपादृष्टि, प्रेम   2. पूर्व   3. कृपा   4. कहानियां   5. बयान   6. परिचित, प्रेमी   7. मिलन
8. प्रतिक्षण   9. प्रणय-पीड़ा में ग्रस्त

Hakim Momin Khan 'Momin'

Upnaam : 'Momin'
Naam : Hakim Momin Khan
Janam : 1801 (Delhi)
Dehaant : 1852 (Delhi)

Woh jo hum me tum me qaraar tha, tumhein yaad ho ki na yaad ho
Wahi yaani waada nibaah ka, tumhein yaad ho ki na yaad ho

Woh jo lutf[1] mujh pe the peshtar[2], woh karam[3] ki tha mere haal par
Mujhe sab hai yaad zara-zara, tumhein yaad ho ki na yaad ho

Woh naye gile, woh shikayatein, woh maze-maze ki hikayatein[4]
Woh har ek baat pe roothna, tumhein yaad ho ki na yaad ho

Koi baat aisi agar hui ki tumhaare ji ko buri lagi
To bayan[5] se pahle hi bolna, tumhein yaad ho ki na yaad ho

Kabhi hum mein tum mein bhi chah thi, kabhi hum se tum se bhi raah thi
Kabhi hum bhi tum bhi the aashna[6], tumhein yaad ho ki na yaad ho

Woh bigadna wasl[7] ki raat ka, woh na maanna kisi baat ka
Woh nahin-nahin ki har aan[8] sadaa, tumhein yaad ho ki na yaad ho

Jise aap ginte the aashna, jise aap kahte the baawafa
Main wahi hun 'Momin'-e-Mubtila[9], tumhein yaad ho ki na yaad ho.

---

1. Kripadrishti, prem 2. Poorv 3. Kripa 4. Kahaniyan 5. Bayaan 6. Parichit, premi
7. Milan 8. Pratikshan 9. Pranay-peeda mein grast

'Amir' Minai

Alias : 'Amir' Minai
Name   : Amir Ahmed
Birth : 1828 (Lucknow)
Death : 1900 (Hyderabad)

Is this the way to look after your afflicted ones if you are Christ
I am dying here, and you say I'm alright

If you agree to be mine, I will have got everything
Of all the boons, this one to me will maximum joy bring

Look at the restlessness of the moth or the nightingale's fate
Neither meeting with nor parting from
the beauteous ones is a happy state

Whenever I think of him, my love cries out
May this thought forever and ever in my mind sprout.

تخلص	: امیر مینائی
نام	: امیر احمد
پیدائش	: 1828 (لکھنؤ)
وفات	: 1900 (حیدرآباد)

اچھے عیسیٰ ہو مریضوں کا خیال اچھا ہے
ہم مرے جاتے ہیں تم کہتے ہو حال اچھا ہے

تجھ سے مانگوں میں تجھی کو کہ سبھی کچھ مل جائے
سو سوالوں سے یہی ایک سوال اچھا ہے

دیکھ لے بلبل و پروانہ کی بے تابی کو
ہجر اچھا نہ حسینوں کا وصال اچھا ہے

آ گیا اس کا تصور تو پکارا یہ شوق
دل میں جم جائے الٰہی ! یہ خیال اچھا ہے

'अमीर' मीनाई

उपनाम : 'अमीर' मीनाई
नाम : अमीर अहमद
जन्म : 1828 (लखनऊ)
देहान्त : 1900 (हैदराबाद)

अच्छे ईसा[1] हो मरीज़ों का ख़याल अच्छा है
हम मरे जाते हैं तुम कहते हो हाल अच्छा है

तुझसे मांगूं मैं तुझी को कि सभी कुछ मिल जाए
सौ सवालों से यही एक सवाल अच्छा है

देख ले बुलबुलो-परवाना की बेताबी को
हिज्र[2] अच्छा न हसीनों का विसाल[3] अच्छा है

आ गया उसका तसव्वुर[4], तो पुकारा ये शौक़[5]
दिल में जम जाए इलाही! ये ख़्याल अच्छा है।

---

1. मुर्दों को जीवित कर देने वाला उपचारक (एक पैग़म्बर) 2. बिछोह 3. मिलन 4. कल्पना
5. कामना, इश्क़

'Amir' Minai

Upnaam : 'Amir' Minai
Naam : Amir Ahmed
Janam : 1828 (Lucknow)
Dehaant : 1900 (Hyderabad)

Acche Isa[1] ho marizon ka khayal achha hai
Hum mare jate hain tum kahte ho haal achha hai

Tujhse maangu main tujhi ko ki sabhi kuch mil jaye
Sau sawalon se yahi ek sawaal achha hai

Dekh le bulbulo-parwaana ki betaabi ko
Hijr[2] achha na hasinon ka visaal[3] achha hai

Aa gaya uska tasavvur[4], to pukaara ye shauq[5]
Dil mein jam jaye Ilaahi! Ye khayal achha hai.

---

1. Murdon ko jeevit kar dene wala upchaarak (Ek paigambar) 2. Bichoh
3. Milan 4. Kalpana 5. Kaamna, Ishq

'Daag' Dehlvi

Alias : Daag
Name : Nawab Mirza Khan
Birth : 1831 (Delhi)
Death : 1905 (Hyderabad)

Out of consideration or as a concession, I trusted you though
You have forfeited my trust by your insincere vow

She took away my heart free of cost
And rather than feel obliged, she blames the poor heart

What I saw in the temple, O sheikh, ask me not
And say nothing of the faith, the faith is lost

I too am about to go, O Daag my luggage has already been sent
Bearing and senses are gone,
gone already forebearance and strength.

تخلص   :   داغؔ
نام   :   نواب مرزا خاں
پیدائش   :   1831 (دلّی)
وفات   :   1905 (حیدرآباد)

خاطر سے یا لحاظ سے میں مان تو گیا
جھوٹی قسم سے آپکا ایمان تو گیا

دل لے کے مفت کہتے ہیں کچھ کام کا نہیں
الٹی شکایتیں ہوئیں احسان تو گیا

دیکھا ہے بت کدے میں، جو اے شیخ کچھ نہ پوچھ
ایمان کی تو یہ ہے کہ ایمان تو گیا

ہوش و حواس و تاب و تواں داغؔ کھو چکے
اب ہم بھی جانے والے ہیں سامان تو گیا

'दाग़' देहलवी

उपनाम : दाग़
नाम   : नवाब मिर्ज़ा ख़ां
जन्म   : 1831 (दिल्ली)
देहान्त : 1905 (हैदराबाद)

ख़ातिर से या लिहाज़ से मैं मान तो गया
झूठी क़सम से आपका ईमान तो गया

दिल ले के मुफ़्त कहते हैं कुछ काम का नहीं
उलटी शिकायतें हुईं, एहसान तो गया

देखा है बुतकदे में[1] जो ऐ शैख़ कुछ न पूछ
ईमान की तो ये है कि ईमान तो गया

होशो-हवासो-ताबो-तुवां[2] 'दाग़' खो चुके
अब हम भी जाने वाले हैं सामान तो गया।

---
1. मन्दिर में 2. होश, हवास, सहनशीलता तथा शारीरिक शक्ति

'Daag' Dehlvi

Upnaam : Daag
Naam : Nawab Mirza Khan
Janam : 1831 (Delhi)
Dehaant : 1905 (Hyderabad)

Khatir se ya lihaaz se main maan to gaya
Jhoothi kasam se aapka imaan to gaya

Dil leke muft kahte hain kuch kaam ka nahin
Ulti shikayatein huin, ehsaan to gaya

Dekha hai butkade mein[1] jo ae sheikh kuchh na pooch
Imaan ki to yeh hai ki imaan to gaya

Hosh-o-havaas-o-taab-o-tovaan[2] 'Daag' kho chuke
Ab hum bhi jaane waale hain samaan to gaya.

---

1. Mandir mein 2. Hosh, hawaas, sahenshilta tatha sharirik shakti

Khawaja Altaf Hussain 'Haali'

Alias   : 'Haali'
Name   : Khawaja Altaf Hussain
Birth   : 1837 (Panipat)
Death   : 1917 (Panipat)

My endeavour is for something better than the best
Let's see where ultimately ends our quest

May God, this extra kindness well for me goes
She was familiar with me but never so close

It needs a whole age to get used to the love's sting
So soon, the wound in the heart cannot any joy bring

What I am willing to lay down my life for is indeed something rare
There may be many in the world like you
but none can with you compare.

The prayer for giving up loving is never granted
How could the tongue be effective if the heart never wanted

You want now, O Hali, the raptures of music and wine's delight
It is already morning, where were you all night?

تخلص	:	حالیؔ
نام	:	خواجہ الطاف حسین
پیدائش	:	1837 (پانی پت)
وفات	:	1917 (پانی پت)

ہے جستجو کہ خوب سے ہے خوب تر کہاں
اب ٹھہرتی ہے دیکھئے جاکر نظر کہاں

یارب اس اختلاط کا انجام ہو بخیر
تھا اسکو ہم سے ربط مگر اس قدر کہاں

ایک عمر چاہیے کہ گوارا ہو عیشِ عمر
رکھی ہے آج لذتِ زخمِ جگر کہاں

ہم جس پہ مر رہے ہیں وہ ہے بات ہی کچھ اور
عالم میں تجھ سے لاکھ سہی، تو مگر کہاں

ہوتی نہیں قبول دعا ترکِ عشق کی
دل چاہتا نہ ہو تو زباں میں اثر کہاں

حالیؔ نشاطِ نغمہ و مے ڈھونڈتے ہو اب
آئے ہو وقتِ صبح، رہے رات بھر کہاں

ख़्वाजा अलताफ़ हुसैन 'हाली'

उपनाम : 'हाली'
नाम : ख़्वाजा अलताफ़ हुसैन
जन्म : 1837 (पानीपत)
देहान्त : 1917 (पानीपत)

है जुस्तजू कि ख़ूब से है ख़ूबतर[1] कहां
अब ठहरती है देखिए जाकर नज़र कहां

या रब इस इख़्तिलात[2] का अंजाम हो बख़ैर[3]
था उसको हमसे रब्त[4] मगर इस क़दर कहां

इक उम्र चाहिए कि गवारा हो नीशे-उम्र[5]
रखी है आज लज़्ज़ते-ज़ख़्मे-जिगर[6] कहां

हम जिसपे मर रहे हैं वो है बात ही कुछ और
आलम[7] में तुझ-से लाख सही, तू मगर कहां

होती नहीं क़बूल दुआ तर्के-इश्क़[8] की
दिल चाहता न हो तो ज़बां में असर कहां

'हाली' निशाते-नग़मा-ओ-मय[9] ढूंढते हो अब
आए हो वक़्ते-सुब्ह रहे रात-भर कहां?

---

1. अति उत्तम 2. मेल-मिलाप 3. शुभ 4. सम्बन्ध 5. आयु-रूपी डंक 6. हृदय के घाव का सुखद स्वाद 7. संसार 8. प्रणय-त्याग 9. मदिरा तथा संगीत के आनन्द

Khawaja Altaf Hussain 'Haali'

Upnaam : 'Haali'
Naam : Khawaja Altaf Hussain
Janam : 1837 (Panipat)
Dehaant : 1917 (Panipat)

Hai justaju ki khoob se hai khoobtar[1] kahan
Ab thairti hai dekhiye jaakar nazar kahan

Ya rab is ikhtilaat[2] ka anjaam ho bakhair[3]
Tha usko hamse rabt[4] magar is qadar kahan

Ek umr chahiye ki gavara ho neeshe-umr[5]
Rakhhi hai aaj lazzate-zakhme-jigar[6] kahan

Hum jispe mar rahe hain woh hai baat hi kuch aur
Aalam[7] mein tujhse laakh sahi, tu magar kahan

Hoti nahin qabool dua tarke-ishq[8] ki
Dil chahta na ho to zabaan mein asar kahan

'Haali' nishaate-naghma-o-maya[9] dhundhte ho ab
Aaye ho waqte-subah rahe raat bhar kahan?

---

1. Ati uttam 2. Mel-milaap 3. Shubh 4. Sambandh 5. Aayu-roopi dank 6. Hriday ke ghaav ka sukhad swad 7. Sansar 8. Pranaya-tyag 9. Madira tatha sangeet ke anand

'Akbar' Allahabaadi

Alias : 'Akbar' Allahabaadi
Name : Saiyyad Akbar Hussain
Birth : 1846 (Bara)
Death : 1921 (Allahabad)

For a soul-mate, I couldn't find even one
I met many a man of flesh and blood, God's man I found none

The morning breeze turned away from the garden of this world
disgusted because it could not find
Even one who was towards infatuation inclined

Many a scent merchant wanted the roses though
I found nobody who would after the melody of the
self-sacrificing nightingale madly go

O what a way our preceptor has shown
We did not reach the church but lost the Kaba that was our own

The Sayyed flaunted the gazette and collected a huge sum of money
The Sheikh went about showing the Quran but got not a penny.

تخلص	: اکبر الہ آبادی
نام	: سید اکبر حسین
پیدائش	: 1846 (بارا)
وفات	: 1921 (الہ آباد)

دل میرا جس سے بہلتا کوئی ایسا نہ ملا
بت کے بندے تو ملے اللہ کا بندہ نہ ملا

بزمِ یاراں سے پھری بادِ بہاری مایوس
ایک سر بھی اسے آمادۂ سودا نہ ملا

گل کے خواہاں تو نظر آئے بہت عطر فروش
طالبِ زمزمۂ بلبلِ شیدا نہ ملا

واہ کیا راہ دکھائی ہے ہمیں مرشد نے
کر دیا کعبے کو گم اور کلیسا نہ ملا

سید اٹھے جو گزٹ لے کے تو لاکھوں لائے
شیخ قرآن دکھاتا پھرا پیسہ نہ ملا

'अकबर' इलाहाबादी

उपनाम : 'अकबर' इलाहाबादी
नाम : सय्यद अकबर हुसैन
जन्म : 1846 (बारा)
देहान्त : 1921 (इलाहाबाद)

दिल मेरा जिससे बहलता कोई ऐसा न मिला
बुत के बंदे तो मिले अल्लाह का बंदा न मिला

बज़्मे-यारां[1] से फिरी बादे-बहारी[2] मायूस
एक सर भी उसे आमादा-ए-सौदा[3] न मिला

गुल के ख़्वाहां[4] तो नज़र आए बहुत इत्र-फ़रोश
तालिब-ए-ज़मज़मा-ए-बुलबुल-ए-शैदा[5] न मिला

वाह क्या राह दिखाई हमें मुरशिद[6] ने
कर दिया काबे को गुम और कलीसा न मिला

सय्यद उट्ठे जो गज़ट ले के तो लाखों लाए
शेख़ कुरान दिखाता फिरा पैसा न मिला।

---

1. मित्रों की महफ़िल 2. वसन्त-पवन 3. उन्मत्त या पागल होने को तैयार 4. इच्छुक
5. फूलों पर न्यौछावर होने वाली बुलबुल के नग़्मों का इच्छुक 6. गुरु

'Akbar' Allahabaadi

Upnaam   : 'Akbar' Allahabaadi
Naam   : Saiyyad Akbar Hussain
Janam   : 1846 (Bara)
Dehaant : 1921 (Allahabad)

Dil mera jisse bahalta koi aisa na mila
But ke bande to mile Allah ka banda na mila

Bazme-yaaran[1] se phiri bade-bahari[2] mayoos
Ek sar bhi use aamaada-e-sauda[3] na mila

Gul ke khwahan[4] to nazar aaye bahut itr-farosh
Taalib-e-zamzama-e-bulbul-e-shaida[5] na mila

Wah kya raah dikhai hamein murshid[6] ne
Kar diya Kaabe ko gum aur kaleesa na mila

Saiyyad utthe jo gazat leke to lakhon laye
Shekh quran dikhata phira paisa na mila.

---

1. Mitron ki mehfil 2. Vasant-pawan 3. Unmatt ya pagal hone ko taiyyar 4. Ichhuk
5. Phoolon par nyochawar hone wali bulbul ke naghmon ka ichhuk 6. Guru

'Riyaz' Khairabaadi

Alias : 'Riyaz' Khairabaadi
Name : Saiyad Riyaz Ahmed
Birth : 1853 (Khairabad)
Death : 1934 (Khairabad)

Those who lost their heart here,
came alive on the doom's day too
There were people there also
who would forego their life for you

It is a strange night of mourning, how lovely
She comes out under the light of the stars and looks so pretty

I thought that it was my enemy,
against whom your sword you drew
But you knew that only I would die for you

You, who would decide my fate on the day of judgment
Pray, do give me credit for my patience

She must not sleep alone, she is still a minor
But lie beside me, for even dreams can frighten her.

تلخص	:	ریاضؔ خیرآبادی
نام	:	سید ریاض احمد
پیدائش	:	1853 (خیرآباد)
وفات	:	1934 (خیرآباد)

جی اٹھے حشر میں پھر جی سے گزرنے والے
یاں بھی پیدا ہوئے پھر آپ پہ مرنے والے

ہے اداسی شب ماتم کی سہانی کیسی
چھاؤں میں تاروں کی نکلے ہیں سنورنے والے

ہم تو سمجھے تھے کہ دشمن پہ اٹھایا خنجر
تم نے جانا کہ ہمیں تم پہ ہیں مرنے والے

صبر کی میرے، مجھے داد ذرا دے دینا
او مرے حشر کے دن فیصلہ کرنے والے

عمر کیا ہے ابھی کمسن ہیں نہ، تنہا لیٹیں
سو رہیں پاس مرے خواب میں ڈرنے والے

'रियाज़' ख़ैराबादी

उपनाम : 'रियाज़' ख़ैराबादी
नाम : सय्यद रियाज़ अहमद
जन्म : 1853 (ख़ैराबाद)
देहान्त : 1934 (ख़ैराबाद)

जी उठे हश्र में[1] फिर जी से गुज़रने वाले
यां भी पैदा हुए फिर आप पे मरने वाले

है उदासी शबे-मातम[2] की सुहानी कैसी
छांव में तारों की निकलते हैं संवरने वाले

हम तो समझे थे कि दुश्मन पे उठाया ख़ंजर
तुम ने जाना कि हमीं तुम पे हैं मरने वाले

सब्र की मेरे, मुझे दाद ज़रा दे देना
ओ मेरे हश्र के दिन फ़ैसला करने वाले

उम्र क्या है अभी कमसिन[3] हैं न, तनहा लेटें
सो रहें पास मेरे ख़्वाब में डरने वाले।

---

1. प्रलय-क्षेत्र 2. शोक की रात 3. अल्पायु

'Riyaz' Khairabaadi

Upnaam : 'Riyaz' Khairabaadi
Naam : Saiyad Riyaz Ahmed
Janam : 1853 (Khairabad)
Dehaant : 1934 (Khairabad)

Ji uthe hashr mein[1] phir ji se guzarne waale
Yan bhi paida hue phir aap pe marne waale

Hai udaasi shabe-maatam[2] ki suhaani kaisi
Chhaanv mein taaron ki nikalte hain sanwarne waale

Hum to samjhe the ki dushman pe uthaya khanjar
Tum ne jaana ki hamin tum pe hain marne waale

Sabr ki mere, mujhe daad zara de dena
O mere hashr ke din faisla karne waale

Umar kya hai abhi kamsin[3] hain na, tanha letein
So rahen paas mere khwaab mein darne waale.

---

1. Pralaya-kshetr 2. Shok ki raat 3. Alpaayu

'Bekhud' Dehlvi

Alias : 'Bekhud' Dehlvi
Name : Saiyad Wahiduddin Ahmed
Birth : 1863 (Bharatpur)
Death : 1955 (Delhi)

There was only a candle on the tomb and nobody was in mourning
Whose tomb was it at which you were weeping?

I'll cry for my lost heart no end
Very unfortunate, unrequited though, it was my boyhood friend

Infatuation in love is very different from lonely wandering
One of Majnu's companions was perhaps given to fiction-writing

Your tongue has a talisman or casts a spell
I believed you even when a lie you would tell

Somebody's foot-prints lay on our path
How very much have our salutations been disgraced, alas!

So far, at least there is no change in my behaviour
This too, O Lord, is a part of your favour.

تخلص	: بیخوؔد دہلوی
نام	: سید وحید الدین احمد
پیدائش	: 1863 (بھرت پور)
وفات	: 1955 (دلّی)

شمعِ مزار تھی، نہ کوئی سوگوار تھا
تم جس پہ رو رہے تھے یہ کس کا مزار تھا

تڑپوں گا عمر بھر دلِ مرحوم کے لئے
کم بخت، نامراد، لڑکپن کا یار تھا

سودائے عشق اور ہے وحشت کچھ اور شئے
مجنوں کا کوئی دوست فسانہ نگار تھا

جادو ہے یا طلسم تمہاری زبان میں
تم جھوٹ کہہ رہے تھے، مجھے اعتبار تھا

کیا کیا ہمارے سجدے کی رسوائیاں ہوئیں
نقشِ قدم کسی کا سرِ رہ گزار تھا

اس وقت تک تو وضع میں آیا نہیں ہے فرق
تیرا کرم شریک جو پروردگار تھا

'बेख़ुद' देहलवी

उपनाम : 'बेख़ुद' देहलवी
नाम : सय्यद वहीदुद्दीन अहमद
जन्म : 1863 (भरतपुर)
देहान्त : 1955 (दिल्ली)

शमएं-मज़ार थी, न कोई सोगवार[1] था
तुम जिस पे रो रहे थे ये किस का मज़ार था

तड़पूंगा उम्र भर दिले-मरहूम[2] के लिए
कमबख़्त, नामुराद, लड़कपन का यार था

सौदा-ए-इश्क़ और है, वहशत कुछ और शै
मजनूं का कोई दोस्त फ़साना-निगार[3] था

जादू है या तिलिस्म तुम्हारी ज़बान में
तुम झूठ कह रहे थे, मुझे ऐतबार था

क्या-क्या हमारे सजदे की रुसवाइयां हुईं
नक़्शे-क़दम[4] किसी का सरे-रह-गुज़ार था

इस वक़्त तक तो वज़्अ[5] में आया नहीं है फ़र्क़
तेरा करम शरीक जो परवरदिगार था।

---

1. शोक करने वाला 2. मृत-हृदय 3. कथाकार 4. पदचिन्ह 5. रंग-ढंग

'Bekhud' Dehlvi

Upnaam : 'Bekhud' Dehlvi
Naam : Saiyad Wahiduddin Ahmed
Janam : 1863 (Bharatpur)
Dehaant : 1955 (Delhi)

Shammaye-Mazaar thi, na koi sogwaar[1] tha
Tum jis pe ro rahe they ye kis ka mazaar tha

Tadpoonga umr bhar dile-marhoom[2] ke liye
Kambhakht, namuraad, ladakpan ka yaar tha

Sauda-e-ishq aur hai, wahshat kuch aur shai
Majnu ka koi dost fasaana-nigaar[3] tha

Jaadu hai ya tilism tumhaari zabaan mein
Tum jhooth kah rahe the, mujhe aitbaar tha

Kya-kya hamare sajde ki ruswaiyan huin
Naqshe-qadam[4] kisi ka sare-rah-guzar tha

Is waqt tak to vaza[5] mein aaya nahin hai fark
Tera karam shareek jo Parvardigaar tha.

---

1. Shok karne wala 2. Mrit-hriday 3. Kathakaar 4. Padchinh 5. Rang-dhang

'Saail' Dehlvi

Alias : 'Saail' Dehlvi
Name : Nawab Sirajuddin Ahmed Khan
Birth : 1868 (Delhi)
Death : 1945 (Delhi)

You meet my enemy and are annoyed with me, so either way
The cruelty of the unfaithful one against me wins the day

If you come, I'll die for joy, if you do not, I'll with disappointment die
In both cases, the road to death before me would lie

I believe that you don't lie and would keep your promise, but pray,
Why do you swear, for it will be false either way

◆ ◆ ◆

Let me survey the people gathered on the day of judgement and
   try to recognize my murderer
She was most innocent-looking and had a name fair

The censor kept counting on the beads of the garland
Who all had glass of wine before them,
   who did not drink and who drank.

تخلص	:	سائل دہلوی
نام	:	نواب سراج الدین احمد خان
پیدائش	:	1868 (دہلی)
وفات	:	1945 (دہلی)

ملے غیروں سے، مجھ سے رنج و غم یوں بھی ہے اور یوں بھی
وفا دشمن جفا جو کا ستم یوں بھی ہے اور یوں بھی

تم آؤ مرگِ شادی ہے، نہ آؤ مرگِ ناکامی
نظر میں اب رہے ملکِ عدم، یوں بھی ہے اور یوں بھی

مجھے باور ہے تم جھوٹے نہیں، وعدے کے سچّے ہو
قسم کیوں کھاؤ، ناجائز قسم یوں بھی ہے اور یوں بھی

☆

اہلِ محشر دیکھ لوں، قاتل کو تو پہچان لوں
بھولی بھالی شکل تھی اور کچھ بھلا سا نام تھا

محتسب تسبیح کے دانوں پہ یہ گنتا رہا
کن نے پی، کن نے نہ پی، کن کن کے آگے جام تھا

'साइल' देहलवी

उपनाम : 'साइल' देहलवी
नाम : नवाब सिराजुद्दीन अहमद ख़ां
जन्म : 1868 (दिल्ली)
देहान्त : 1945 (दिल्ली)

मिले ग़ैरों से, मुझ से रंज, ग़म यूं भी है और यूं भी
वफ़ा दुश्मन जफ़ा-जू^{1} का सितम यूं भी है और यूं भी

तुम आओ मर्गे-शादी^{2} है, न आओ मर्गे-नाकामी^{3}
नज़र में अब रहे-मुल्के-अदम^4 यूं भी है और यूं भी

मुझे बावर^5 है तुम झूठे नहीं, वायदे के सच्चे हो
क़सम क्यों खाओ, नाजाइज़ क़सम यूं भी है और यूं भी

◆ ◆ ◆

अहले-मेहशर^6 देख लूं, क़ातिल को तो पहचान लूं
भोली भाली शक्ल थी और कुछ भला-सा नाम था

मोहतसिब^7 तसूबीह^8 के दानों पे ये गिनता रहा
किन ने पी, किन ने न पी, किन-किन के आगे जाम था।

---

1. अत्याचारी 2. खुशी की मौत 3. निराशा की मौत 4. परलोक का मार्ग 5. विश्वास
6. प्रलय-क्षेत्र में जमा लोग 7. रसाध्यक्ष 8. माला

'Saail' Dehlvi

Upnaam   : 'Saail' Dehlvi
Naam   : Nawab Sirajuddin Ahmed Khan
Janam   : 1868 (Delhi)
Dehaant   : 1945 (Delhi)

Mile ghairon se , mujh se ranj, gam yun bhi hai aur yun bhi
Wafa dushman jafa-ju[1] ka sitam yun bhi hai aur yun bhi

Tum aao marge-shaadi[2] hai, na aao marge nakaami[3]
Nazar mein ab rahe-mulke-adam[4] yun bhi hai aur yun bhi

Mujhe baavar[5] hai tum jhoothe nahin, vaayade ke sacche ho
Qasam kyon khao, najaiz qasam yun bhi hai aur yun bhi

♦ ♦ ♦

Ahle-mehshar[6] dekh lun, qaatil ko to pehchaan lun
Bholi bhaali shakl thi aur kuch bhalaa sa naam tha

Mohtasib[7] tasbih[8] ke daano pe ye ginta raha
Kin ne pi, kin ne na pi, kin kin ke age jaam tha.

---

1. Atyachari 2. khushi ki maut 3. Niraasha ki maut 4. Parlok ka marg 5. Vishwas
6. Pralay-shetra main jama log 7. Rasadhyaksh 8. Maala

'Saakib' Lukhnavi

Alias : 'Saakib' Lukhnavi
Name : Mirza Zakir Hussain Kazanbaash
Birth : 1869 (Agra)
Death : 1949 (Lucknow)

On the night of parting, my heart so piteously cried
That for the night to end immediately, those who heard,
   prayed and sighed

Oh what a glance you cast on my heart in passing
The wounds which had begun to heal, once again started festering

All earth to me has become my beloved's street
And I start knocking at every door I meet

When the gardener set my nest on fire
The leaves I had laid so much store by, began to feed the flames further

For my lifetime of love for them, with dust in their hands my friends
   at my burial came.
This is the return I got in their love's name

May my love become a mirror unto my beloved's beauty
If the heartache becomes its own cure, it will indeed be lovely.

تلخص	: ثاقبؔ لکھنوی
نام	: مرزا ذاکر حسین قزلباش
پیدائش	: 1869 (آگرہ)
وفات	: 1949 (لکھنؤ)

ہجر کی شب نالۂ دل وہ صدا دینے لگے
سننے والے رات کٹنے کی دعا دینے لگے

کس نظر سے آپ نے دیکھا دلِ مجروح کو
زخم جو کچھ بھر چلے تھے، پھر ہوا دینے لگے

جز زمینِ کوئے جاناں کچھ نہیں پیشِ نگاہ
جس کا دروازہ نظر آیا صدا دینے لگے

باغباں نے آگ دی جب آشیانے کو مرے
جن پہ تکیہ تھا وہی پتے ہوا دینے لگے

مٹھیوں میں خاک لے کر دوست آئے وقتِ دفن
زندگی بھر کی محبت کا صلہ دینے لگے

آئینہ ہو جائے میرا عشق ان کے حسن کا
کیا مزہ ہو درد اگر خود ہی دوا دینے لگے

'साक़िब' लखनवी

उपनाम : 'साक़िब' लखनवी
नाम : मिर्ज़ा ज़ाकिर हुसैन कज़नबाश
जन्म : 1869 (आगरा)
देहान्त : 1949 (लखनऊ)

हिज्र की शब[1] नाला-ए-दिल[2] वो सदा देने लगे
सुनने वाले रात कटने की दुआ देने लगे

किस नज़र से आप ने देखा दिले-मजरूह[3] को
ज़ख़्म जो कुछ भर चले थे, फिर हवा देने लगे

जुज़[4] ज़मीने-कुए-जानां[5] कुछ नहीं पेशे-निगाह[6]
जिसका दरवाज़ा नज़र आया सदा देने लगे

बाग़बां[7] ने आग दी जब आशियाने[8] को मेरे
जिन पे तकिया था[9] वही पत्ते हवा देने लगे

मुट्ठियों में ख़ाक लेकर दोस्त आए वक़्ते-दफ़्न
ज़िन्दगी-भर की मोहब्बत का सिला[10] देने लगे

आईना हो जाए मेरा इश्क़ उनके हुस्न का
क्या मज़ा हो दर्द अगर ख़ुद ही दवा देने लगे।

---

1. बिछोह की रात 2. दिल से निकला आर्तनाद 3. घायल हृदय 4. सिवाय 5. प्रेयसी की गली की ज़मीन 6. नज़र के सामने 7. माली 8. नीड़ 9. बना था सहारा 10. बदला

'Saakib' Lukhnavi

Upnaam   : 'Saakib' Lukhnavi
Naam   : Mirza Zakir Hussain Kazanbaash
Janam   : 1869 (Agra)
Dehaant : 1949 (Lucknow)

Hijr ki shab[1] naala-e-dil[2] woh sadaa dene lage
Sunne waale raat katne ki dua dene lage

Kis nazar se aapne dekha dile-majruh[3] ko
Zakhm jo kuchh bhar chale the , phir hawa dene lage

Juz[4] zamine-kuue-jaana[5] kuch nahin peshe[6] nigaah
Jiska darwaaza nazar aaya sadaa dene lage

Baaghban[7] ne aag di jab aashiyane[8] ko mere
Jin pe takiya tha[9] wahi patte hawa dene lage

Mutthiyon mein khaak lekar dost aaye waqte-dafn
zindagi bhar ki mohabbat ka sila[10] dene lage

Aaina ho jaye mera ishq unke husn ka
Kya mazaa ho dard agar khud hi dawa dene lage.

---

1. Bichoh ki raat   2. Dil se nikla aartnaad   3. Ghayal hriday   4. Siwaye   5. Preyasi ki gali ki jameen   6. Nazar ke samne   7. Maali   8. Need   9. Bana tha sahara   10. Badla

'Jaleel' Manikpuri

Alias : 'Jaleel' Manikpuri
Name : Jaleel Hasan
Birth : 1869 (Manikpur, Awadh)
Death : 1946 (Hydrabad)

I will not be able to say 'no' to the Saqi
The vow of abstinence will be broken instantly

She will take her own time to think of me
Her indifference is not going to end easily

I am not beating my breast for nothing
On the voyage of love, I am embarking

I feel like mourning for you, O desire for night of union
Today from my heart you face expulsion

I cannot think of my condition improving
Because with the onset of spring, O Jaleel my heart is leaping.

تخلص	:	جلیل مانک پوری
نام	:	جلیل حسن
پیدائش	:	1869 (مانک پور، اودھ)
وفات	:	1946 (حیدرآباد)

بات ساقی کی نہ ٹالی جائے گی
توبہ کر کے توڑ ڈالی جائے گی

آتے آتے آئے گا ان کو خیال
جاتے جاتے بے خیالی جائے گی

بے سبب اپنی جگر کاوی نہیں
عشق کی بنیاد ڈالی جائے گی

اے تمنا! تجھ کو رو لوں شامِ وصل
آج تُو دل سے نکالی جائے گی

فصلِ گل آئی جنوں اچھلا جلیلؔ
اب طبیعت کیا سنبھالی جائے گی

'जलील' मानिकपुरी

उपनाम : 'जलील' मानिकपुरी
नाम : जलील हसन
जन्म : 1869 (मानिकपुर, अवध)
देहान्त : 1946 (हैदराबाद)

बात साक़ी की न टाली जाएगी
तौबा करके तोड़ डाली जाएगी

आते-आते आएगा उनको ख़याल
जाते-जाते बेख़याली जाएगी

बेसबब अपनी जिगरकाबी[1] नहीं
इश्क़ की बुनियाद डाली जाएगी

ऐ तमन्ना! तुझ को रो लूं शामे-वस्ल[2]
आज तू दिल से निकाली जाएगी

फ़स्ले-गुल[3] आई जुनूं[4] उछला 'जलील'
अब तबीयत क्या संभाली जाएगी।

---

1. छाती पीटना 2. मिलन की रात 3. बसन्त ऋतु 4. उन्माद

'Jaleel' Manikpuri

Upnaam : 'Jaleel' Manikpuri
Naam : Jaleel Hasan
Janam : 1869 (Manikpur, Awadh)
Dehaant : 1946 (Hydrabad)

Baat saqi ki na taali jayegi
Tauba karke tod daali jayegi

Aate-aate aayega unko khayal
Jaate- jaate bekhayali jaayegi

Besabab apni jigarkaabi[1] nahin
Ishq ki buniyaad daali jayegi

Ae tamanna ! tujh ko ro lun shame-vasl[2]
Aaj tu dil se nikaali jayegi

Fasle-gul[3] aayi junoon[4] uchhla 'Jaleel'
Ab tabiyat kya sambhaali jayegi.

---

1. Chaati peetna 2. Milan ki raat 3. Basant ritu 4. Unmaad

Mohammad Iqbal

Alias : 'Iqbal'
Name : Mohammad Iqbal
Birth : 1873 (Sialkot, Pakistan)
Death : 1938 (Lahore, Pakistan)

Let your shining hair still brighter shine
Enthrall my sense and reason, my eye and this heart of mine

Thou art an ocean limitless, and I a little stream only
Either absorb me, or make me boundless like thee

If I am a shell, it is upto you whether or not I hold a pearl
If I am a pebble, make a pearl out of the pebble

Why did you turn me out of the Garden of Eden, in the first place
There is much work to do on earth still, so let you wait now, your grace!

On the Day of Judgement, when the angels present my balance sheet
Let you also feel ashamed as you make me feel the heat.

تخلص	:	اقبالؔ
نام	:	محمد اقبال
پیدائش	:	1873 (سیالکوٹ، پاکستان)
وفات	:	1938 (لاہور، پاکستان)

گیسوئے تابدار کو اور بھی تابدار کر
ہوش و خرد شکار کر، قلب و نظر شکار کر

تو ہے محیطِ بے کراں، میں ہوں ذرا سی آب جو
یا مجھے ہم کنار کر، یا مجھے بے کنار کر

میں ہوں صدف تو تیرے ہاتھ میرے گہر کی آبرو
میں ہوں خزف تو تُو مجھے گہرِ آبدار کر

باغِ بہشت سے مجھے حکمِ سفر دیا تھا کیوں
کارِ جہاں دراز ہے، اب میرا انتظار کر

روزِ حساب جب مرا پیش ہو دفترِ عمل
آپ بھی شرمسار ہو، مجھ کو بھی شرمسار کر

मोहम्मद 'इक़बाल'

उपनाम : 'इक़बाल'
नाम : मोहम्मद इक़बाल
जन्म : 1873 (स्यालकोट, पाकिस्तान)
देहान्त : 1938 (लाहौर, पाकिस्तान)

गेसू-ए-ताबदार[1] को और भी ताबदार कर
होशो-ख़िरद[2] शिकार कर क़ल्बो-नज़र[3] शिकार कर

तू है मुहीते-बेकरां[4], मैं हूं ज़रा-सी आब-जू[5]
या मुझे हमकिनार[6] कर, या मुझे बेकिनार[7] कर

मैं हूं सदफ़[8] तो तेरे हाथ मेरे गुहर की आबरू
मैं हूं खदफ़[9] तो तू मुझे गौहरे आबदार कर

बाग़े-बहिश्त[10] से मुझे हुक्मे-सफ़र दिया था क्यों
कारे-जहां[11] दराज़[12] है अब मेरा इन्तिज़ार कर

रोज़े-हिसाब[13] जब मेरा पेश हो दफ़्तरे-अमल[14]
आप भी शर्मसार हो मुझको भी शर्मसार कर।

---

1. चमकीले केश 2. बुद्धि 3. मन, मस्तक 4. अथाह सागर 5. छोटी नदी 6. अपने से मिला ले 7. विशाल (बेकिनारा) 8. सीपी 9. ठींकरा 10. स्वर्ग 11. संसार का काम 12. लम्ब 13. प्रलय के बाद का वह दिन मनुष्य अपने कर्मों का हिसाब भगवान को देगा 14. कर्मों का पोथा

Mohammad Iqbal

Upnaam : 'Iqbal'
Naam : Mohammad Iqbal
Janam : 1873 (Sialkot, Pakistan)
Dehaant : 1938 (Lahore, Pakistan)

Gesu-e-taabdar[1] ko aur bhi taabdar kar
Hosh-o-khirad[2] shikar kar, kalb-o-nazar[3] shikar kar

Tu hai muheet-e-beqaran[4], main hun zara si aab-ju[5]
Ya mujhe hamkinaar[6] kar, ya mujhe bekinaar[7] kar

Main hun sadaf[8] to tere haath mere guhar ki aabru
Main hun khadf[9] to tu mujhe gauhar-e-aabdar kar

Baag-e-bihisht se[10] mujhe hukm-e-safar diya tha kyun?
Kar-e-jahan[11] daraz[12] hai, ab mira intazaar kar

Roz-e-hisaab[13] jab mira peish ho daftar-e-amal[14]
Aap bhi sharmsaar ho, mujhko bhi sharmsaar kar.

---

1. Chamkile kesh 2. Buddhi 3. Mann, mastak 4. Atha sagar 5. Choti Nadi 6. Apne se mila le 7. Vishal (bekinara) 8. Seepi 9. Theekra 10. Swarg 11. Sansar ka kaam 12. Lamb 13. Praley ke baad ka weh din manushya apne karmo ka hisab bhagwan ko dega 14. Karmo ka potha

Mohammad Iqbal

Alias : 'Iqbal'
Name : Mohammad Iqbal
Birth : 1873 (Sialkot, Pakistan)
Death : 1938 (Lahore, Pakistan)

There are worlds beyond the stars too
And many more trials in love still to go through

Do not stop at this world of fragrance and colour
There are abodes still more, many more gardens, dear

What if that one abode you no longer keep
There are other places for your to sigh and weep

You are an eagle, your job is higher, and higher to fly
There are before you to climb, still many a sky

Within the space of day and night do not remain confined
There are more spaces and times for you still to find

Gone are the days when I was alone in the assembly
I have now here, my confidants in plenty.

تخلص	:	اقبالؔ
نام	:	محمد اقبال
پیدائش	:	1873 (سیالکوٹ)
وفات	:	1938 (لاہور)

ستاروں سے آگے جہاں اور بھی ہیں
ابھی عشق کے امتحاں اور بھی ہیں

قناعت نہ کر عالمِ رنگ و بو پر
چمن اور بھی آشیاں اور بھی ہیں

اگر کھو گیا اک نشیمن تو کیا غم
مقاماتِ آہ و فغاں اور بھی ہیں

تو شاہین ہے پرواز ہے کام تیرا
ترے سامنے آسماں اور بھی ہیں

اسی روز و شب میں الجھ کر نہ رہ جا
کہ تیرے زمان و مکاں اور بھی ہیں

گئے دن کہ تنہا تھا میں انجمن میں
یہاں اب مرے رازداں اور بھی ہیں

'इक़बाल'

उपनाम : 'इक़बाल'
नाम : मोहम्मद इक़बाल
जन्म : 1873 (स्यालकोट)
देहान्त : 1938 (लाहौर)

सितारों से आगे जहां और भी हैं
अभी इश्क़ के इम्तिहां और भी हैं

क़नाअत[1] न कर आलम[2]-ए-रंग-ओ-बू पर
चमन और भी, आशियां और भी हैं

अगर खो गया इक नशेमन तो क्या ग़म
मक़ामात-ए-आह-ओ फुग़ां[3] और भी हैं

तू शाहीन[4] है परवाज़[5] है काम तेरा
तेरे सामने आसमां और भी हैं

इसी रोज़-ओ-शब में उलझ कर न रह जा
कि तेरे ज़मान-ओ-मकां[6] और भी हैं

गए दिन कि तन्हा था मैं अंजुमन में
यहां अब मेरे राज़दां और भी हैं।

---
1. संतोष 2. संसार 3. आर्तनाद 4. बाज़ 5. उड़ान 6. देश-काल

Mohammad Iqbal

Upnaam : 'Iqbal'
Naam : Mohammad Iqbal
Janam : 1873 (Sialkot, Pakistan)
Dehaant : 1938 (Lahore, Pakistan)

Sitaron ke aage jahan aur bhi hain
Abhi ishq ke imtehaan aur bhi hain

Kanaet[1] na kar aalam[2]-e-rang-o-boo par
Chaman aur bhi, aashiyan aur bhi hain

Agar kho gaya ek nasheman to kya gham
Maqamaat-e-aah-o fughan[3] aur bhi hain

Tu shahin[4] hai parvaaz[5] hai kaam tera
Tere saamne aasman aur bhi hain

Isi roz-o-shab mein ulajh kar na reh ja
ki tere zaman-o-makan[6] aur bhi hain

Gaye din ki tanah tha main anjuman mein
Yahan ab mere razdan aur bhi hain.

---

1. Santosh 2. Sansar 3. Artanaad 4. Baaz 5. Udaan 6. Desh-kaal

'Hasrat' Mohaani

Alias : 'Hasrat' Mohaani
Name : Saiyad Fazalul Hasan
Birth : 1875 (Mohaan, Unnav)
Death : 1951 (Lucknow)

I try hard to forget her but she constantly crosses my mind
O God, when I've given up loving, why her memories bind

Mention not, O friend, the joys of drinking
For, I become nostalgic and about
my drowning passion start thinking

Imprisoned by my reason, how miserable I remain
And remember my days of self-oblivion again and again

If I don't remember her, I remember not for months together
But once I remember, I continue to remember

The truth about your claim to have given up loving,
O Hasrat, is a secret no more
You, in fact, remember her more than ever before.

تخلص	: حسرتؔ موہانی
نام	: سید فضل الحسن
پیدائش	: 1875 (موہان، اناؤ)
وفات	: 1951 (لکھنؤ)

بھلاتا لاکھ ہوں لیکن برابر یاد آتے ہیں
الٰہی ترکِ الفت پر وہ کیونکر یاد آتے ہیں

نہ چھیڑ اے ہم نشیں! کیفیتِ صہبا کے افسانے
شرابِ بے خودی کے مجھ کو ساغر یاد آتے ہیں

رہا کرتے ہیں قید ہوش میں اے وائے ناکامی
وہ دشتِ خود فراموشی کے چکر یاد آتے ہیں

نہیں آتی تو یاد ان کی مہینوں تک نہیں آتی
مگر جب یاد آتے ہیں تو اکثر یاد آتے ہیں

حقیقت کھل گئی حسرتؔ ترے جذبِ محبت کی
تجھے تو اب وہ پہلے سے بھی بڑھ کر یاد آتے ہیں

'हसरत' मोहानी

उपनाम : 'हसरत' मोहानी
नाम : सय्यद फज़लुलहसन
जन्म : 1875 (मोहान, उन्नाव)
देहान्त : 1951 (लखनऊ)

भुलाता लाख हूं लेकिन बराबर याद आते हैं
इलाही तर्के-उलफ़त¹ पर वो क्योंकर याद आते हैं

न छेड़ ऐ हमनशीं²! कैफ़ियते-सहबा के³ अफ़साने
शराबे-बेखुदी⁴ के मुझको सागर⁵ याद आते हैं

रहा करते हैं क़ैदे-होश⁶ में ऐ वाए नाकामी⁷
वो दश्ते-खुद-फ़रामोशी⁸ के चक्कर याद आते हैं

नहीं आती तो याद उनकी महीनों तक नहीं आती
मगर जब याद आते हैं तो अकसर याद आते हैं

हक़ीक़त⁹ खुल गई हसरत तेरी तर्के-मोहब्बत की
तुझे तो अब वो पहले से भी बढ़कर याद आते हैं।

---

1. प्रणय-त्याग 2. साथी 3. मादिरापान की हालतों के 4. उन्माद-रूपी मदिरा 5. प्याले
6. होश का बन्धन (होश) 7. हाय असफलता 8. आत्मविसर्जन-रूपी जंगल 9. वास्तविकता

'Hasrat' Mohaani

Upnaam   : 'Hasrat' Mohaani
Naam   : Saiyad Fazalul Hasan
Janam   : 1875 (Mohaan, Unnav)
Dehaant : 1951 (Lucknow)

Bhulaata lakh hun lekin barabar yaad aate hain
Ilaahi Tarke-ulfat[1] par woh kyonkar yaad aate hain

Na chhed ai hamnashin[2] ! kaifiyate-sahba[3] ke afsaane
Sharabe-bekhudi[4] ke mujhko saaghar[5] yaad aate hain

Raha karte hain qaide-hosh[6] mein ai waye naakami[7]
Woh dashte-khud-faramoshi[8] ke chakkar yaad aate hain

Nahin aati to yaad unki mahinon tak nahin aati
Magar jab yaad aate hain to aksar yaad aate hain

Hakeeqat[9] khul gayi Hasrat teri tarke-mohabbat ki
Tujhe to ab woh pahle se bhi badhkar yaad aate hain.

---

1. Pranay-tyag 2. Sathi 3. Madirapaan ki haalton ke 4. Unmaad-rupi madira
5. Pyaale 6. Hosh ka bandhan (Hosh) 7. Hai asafalata 8. Atmavisarjan-rupi jungle
9. Vaastavikta

'Faani' Badayuni

Alias : 'Faani' Badayuni
Name : Shaukat Ali Khan
Birth : 1879 (Islam Nagar, Badayun)
Death : 1941 (Hyderabad)

A puzzle never understood, without sense or scheme
Life is but a mad man's dream

Life too is repenting for bringing me here
And looking for any excuse to lay a fatal snare

Have you ever seen a house changing colour and mode
O may you never see my misery's abode

Take away and hang him now O Saqi
It is not proper that your lover should lose sanity

Some drops of blood have reached the eyes from my heart
The goblet bears a resemblance with the pitcher at last

Every breath, O Faani is closer to us our end bringing
Life is a process of dying even when living.

تخلص	:	فانیؔ بدایونی
نام	:	شوکت علی خاں
پیدائش	:	1879 (اسلام نگر، بدایوں)
وفات	:	1941 (حیدرآباد)

ایک معمہ ہے سمجھنے کا نہ سمجھانے کا
زندگی کاہے کو ہے، خواب ہے دیوانے کا

زندگی بھی تو پشیماں ہے یہاں لاکے مجھے
ڈھونڈتی ہے کوئی حیلہ مرے مر جانے کا

تو نے دیکھا ہے کبھی گھر کو بدلتے ہوئے رنگ
آؤ، دیکھو نہ تماشا مرے غم خانے کا

اب اسے دار پہ لے جاکے سلا دے ساقی
یوں بہکنا نہیں اچھا ترے دیوانے کا

دل سے پہنچی تو ہیں آنکھوں میں لہو کی بوندیں
سلسلہ شیشہ سے ملتا تو ہے پیمانے کا

ہر نفس عمرِ گزشتہ کی ہے میت فانیؔ
زندگی نام ہے مر مر کے جئے جانے کا

'फ़ानी' बदायूनी

उपनाम : 'फ़ानी' बदायूनी
नाम : शौकत अली ख़ां
जन्म : 1879 (इस्लाम नगर, बदायूं)
देहान्त : 1941 (हैदराबाद)

इक मुअम्मा[1] है समझने का न समझाने का
ज़िन्दगी काहे को है, ख़्वाब है दीवाने का

ज़िन्दगी भी तो पशेमां[2] है यहां लाके मुझे
ढूंढ़ती है कोई हीला मेरे मर जाने का

तूने देखा है कभी घर को बदलते हुए रंग
आओ, देखो ना तमाशा मेरे ग़मख़ाने[3] का

अब इसे दार[4] पे ले जाके सुला दे साक़ी
यूं बहकना नहीं अच्छा तेरे दीवाने का

दिल से पहुंची तो हैं आंखों में लहू की बूंदें
सिलसिला शीशे[5] से मिलता तो है पैमाने का

हर नफ़स[6] उम्रे-गुज़श्ता[7] की है मय्यत[8] 'फ़ानी'
ज़िन्दगी नाम है मर-मरके जिए जाने का।

---

1. पहेली 2. लज्जित 3. ऐसा घर जिसमें दुःख वास करते हों (हृदय) 4. सूली 5. बोतल
6. श्वास 7. बीती आयु 8. शव

'Faani' Badayuni

Upnaam	:	'Faani' Badayuni
Naam	:	Shaukat Ali Khan
Janam	:	1879 (Islam Nagar, Badayun)
Dehaant	:	1941 (Hyderabad)

Ek muamma[1] hai samajhne ka na samajhane ka
Zindagi kahe ko hai , khwab hai diwane ka

Zindagi bhi to pasheman[2] hai yahan lake mujhe
Dhoondhti hai koi heela mere mar jaane ka

Tune dekha hai kabhi ghar ko badalte hue rang
Aao, dekho na tamasha mere ghamkhane[3] ka

Ab ise daar[4] pe le jaake sula de Saqi
Yun bahakna nahin achha tere diwane ka

Dil se pahunchi to hain aankh mein lahu ki boondein
Silsila sheeshe[5] se milta to hai paimaane ka

Har nafas[6] umre-guzishta[7] ki hai maiyat[8] 'Faani'
Zindagi naam hai mar-mar ke jiye jaane ka.

---

1. Paheli 2. Lajjit 3. Aisa ghar jismein dukh vaas karte ho (hridya) 4. Sooli 5. Botal
6. Shwaas 7. Beeti aayu 8. Shav

'Yaas' or 'Yagaana' Changezi

Alias : 'Yaas' or 'Yagaana' Changezi
Name : Mirza Wajid Hussain
Birth : 1883 (Azeemabaad)
Death : 1956 (Lucknow)

O Yaas, I don't understand why I should be
ashamed of the heart's folly
For somebody else's crime why I should be held guilty

Damned be my feet, they don't get tired anyway
And never return to the right path once they go astray

O boatman, after all I too have to show my face to someone my own
I cannot under any pretext cross over the river alone

This mountain of trouble will also break one day
I don't want to die hitting my head with the axe, pray

My discouraged heart needs some more pain for sinking
He will not be able to hold his tears, who cannot bear suffering.

یاسؔ یگانہ چنگیزی	:	تخلص
مرزا واجد حسین	:	نام
1883 (عظیم آباد)	:	پیدائش
1956 (لکھنؤ)	:	وفات

مجھے دل کی خطا پر یاسؔ شرمانا نہیں آتا
پرایا جرم اپنے نام لکھوانا نہیں آتا

برا ہو پائے سرکش کا کہ تھک جانا نہیں آتا
کبھی گمراہ ہو کر راہ پر آنا نہیں آتا

مجھے اے ناخدا! آخر کسی کو منہ دکھانا ہے
بہانا کر کے تنہا پار اتر جانا نہیں آتا

مصیبت کا پہاڑ آخر کسی دن کٹ ہی جائے گا
مجھے سر مار کر تیشے سے مر جانا نہیں آتا

دل بے حوصلہ ہے اک ذرا سی ٹیس کا مہماں
وہ آنسو کیا پیئے گا جس کو غم کھانا نہیں آتا

'यास' या 'यगाना' चंगेज़ी

उपनाम : 'यास' या 'यगाना' चंगेज़ी
नाम : मिर्ज़ा वाजिद हुसैन
जन्म : 1883 (अज़ीमाबाद)
देहान्त : 1956 (लखनऊ)

मुझे दिल की ख़ता पर 'यास' शरमाना नहीं आता
पराया जुर्म अपने नाम लिखवाना नहीं आता

बुरा हो पा-ए-सरकश[1] का कि थक जाना नहीं आता
कभी गुमराह होकर राह पर आना नहीं आता

मुझे ऐ नाख़ुदा[2]! आख़िर किसी को मुंह दिखाना है
बहाना करके तनहा पार उतर जाना नहीं आता

मुसीबत का पहाड़ आख़िर किसी दिन कट ही जाएगा
मुझे सर मार कर तेशे से मर जाना नहीं आता

दिले-बे-हौसला है इक ज़रा-सी टीस का मेहमां
वो आंसू क्या पिएगा जिसको ग़म खाना नहीं आता।

---

1. सरकश पांव 2. मांझी

'Yaas' or 'Yagaana' Changezi

Upnaam   : 'Yaas' ya 'Yagaana' Changezi
Naam   : Mirza Wajid Hussain
Janam   : 1883 (Azeemabad)
Dehaant : 1956 (Lucknow)

Mujhe dil ki khata par 'Yaas' sharmaana nahin aata
Paraya jurm apne naam likhwaana nahin aata

Bura ho pa-e-sarkash[1] ka ki thak jaana nahin aata
Kabhi gumraah hokar raah par aana nahin aata

Mujhe Ae Nakhuda[2]! aakhir kisi ko munh dikhaana hai
Bahana karke tanha paar utar jaana nahin aata

Musibat ka pahaad aakhir kisi din kat hi jaayega
Mujhe sar maar kar teshe se mar jaana nahin aata

Dile-be-hausla hai ek zara si tees ka mehma
Woh aansu kya piyega jisko gham khaana nahin aata.

---

1. Sarkash panv   2. Manjhi

'Jigar' Muradabaadi

Alias : 'Jigar' Muradabaadi
Name : Ali Sikandar
Birth : 1890 (Muradabad)
Death : 1960 (Lucknow)

Making my way into somebody's heart,
I am committing a sin, sweet and smart

I have lent lustre to the love's name
Beauty itself is my witness for this claim

I am a lover of the garden, I love not the roses alone
I am embracing the thorns too as my own

Parted from you, I am so spending my time
As if I were committing a heinous crime

I have left no stone unturned in my quest
These grains of sand are my witnesses best.

تخلص : جگر مراد آبادی
نام : علی سکندر
پیدائش : 1890 (مراد آباد)
وفات : 1960 (لکھنؤ)

دل میں کسی کے راہ کئے جا رہا ہوں میں
کتنا حسیں گناہ کئے جا رہوں میں

مجھ سے لگے ہیں عشق کی عظمت کو چار چاند
خود حسن کو گواہ کئے جا رہا ہوں میں

گلشن پرست ہوں مجھے گل ہی نہیں عزیز
کانٹوں سے بھی نباہ کئے جا رہا ہوں میں

یوں زندگی گزار رہا ہوں ترے بغیر
جیسے کوئی گناہ کئے جا رہا ہوں میں

مجھ سے ادا ہوا ہے جگر جستجو کا حق
ہر ذرے کو گواہ کئے جا رہا ہوں میں

'जिगर' मुरादाबादी

उपनाम : 'जिगर' मुरादाबादी
नाम : अली सिकंदर
जन्म : 1890 (मुरादाबाद)
देहान्त : 1960 (लखनऊ)

दिल में किसी के राह किए जा रहा हूं मैं
कितना हसीं[1] गुनाह किए जा रहा हूं मैं

मुझसे लगे हैं इश्क़ की अज़मत[2] को चार चांद
खुद हुस्न को गवाह किए जा रहा हूं मैं

गुलशन-परस्त[3] हूं मुझे गुल[4] ही नहीं अज़ीज़[5]
कांटों से भी निबाह किए जा रहा हूं मैं

यूं ज़िन्दगी गुज़ार रहा हूं तेरे बग़ैर
जैसे कोई गुनाह किए जा रहा हूं मैं

मुझसे अदा हुआ है 'जिगर' जुस्तुजू[6] का हक़
हर ज़र्रें[7] को गवाह किए जा रहा हूं मैं।

---

1. सुन्दर 2. महानता 3. बाग़ का पुजारी 4. फूल 5. प्रिय 6. तलाश 7. कण

'Jigar' Muradabaadi

Upnaam : 'Jigar' Muradabaadi
Naam : Ali Sikandar
Janam : 1890 (Muradabad)
Dehaant : 1960 (Lucknow)

Dil mein kisi ke raah kiye ja rahaa hun main
Kitna hasin[1] gunaah kiye ja rahaa hun main

Mujhse lage hain ishq ki azmat[2] ko char chaand
Khud husn ko gawaah kiye ja raha hun main

Gulshan-parast[3] hun mujhe gul[4] hi nahin azeez[5]
Kaanton se bhi nibaah kiye ja rahaa hun main

Yun zindagi guzaar raha hun tere baghair
Jaise koi gunaah kiye ja raha hun main

Mujhse ada hua hai 'Jigar' justaju[6] ka haq
Har zarre[7] ko gawaah kiye ja raha hun main.

---

1. Sundar 2. Mahanta 3. Baag ka pujari 4. Phool 5. Priye 6. Talaash 7. Kann

'Firaq' Gorakhpuri

Alias : 'Firaq' Gorakhpuri
Name : Raghupati Sahay
Birth : 1896 (Gorakhpur)
Death : 1982 (Lucknow)

Speak of those imperious eyes,
O thou, this sad evening
A state of trance is overtaking me,
say now in secrecy something

Story of some sad evening and of fragrance
form the tangled hair
Till the morn arrives,
serve only some such fare

This silence of despair,
this breaking of the heart
O talk only of some broken instrument
to enact this part

Some light through the bars of the
cage is beginning to trickle by
Speak now of the sky, and of the desire to fly

Because of separation from whom the
very state of love stands transformed, O Firaq
Let us today only of that noble friend talk.

تخلص	:	فراق گورکھپوری
نام	:	رگھوپتی سہائے
پیدائش	:	1896 (گورکھپور)
وفات	:	1982 (دلّی)

شامِ غم کچھ اس نگاہِ ناز کی باتیں کرو
بے خودی بڑھتی چلی ہے راز کی باتیں کرو

نکہتِ زلفِ پریشاں داستانِ شامِ غم
صبح ہونے تک اسی انداز کی باتیں کرو

یہ سکوتِ یاس، یہ دل کی رگوں کا ٹوٹنا
خامشی میں کچھ شکستِ ساز کی باتیں کرو

کچھ قفس کی تیلیوں سے چھن رہا ہے نور سا
کچھ فضا، کچھ حسرتیں پرواز کی باتیں کرو

جس کی فرقت نے پلٹ دی عشق کی کایا فراقؔ
آج اسی عیسٰی نفس دم ساز کی باتیں کرو

'फ़िराक़' गोरखपुरी

उपनाम : 'फ़िराक़' गोरखपुरी
नाम : रघुपति सहाय
जन्म : 1896 (गोरखपुर)
देहान्त : 1982 (लखनऊ)

शामे-ग़म कुछ उस निगाहे-नाज़[1] की बातें करो
बेख़ुदी[2] बढ़ती चली है, राज़ की बातें करो

निक्हते-ज़ुल्फ़े-परेशां[3] दास्ताने-शामे-ग़म
सुब्ह होने तक इसी अंदाज़ की बातें करो

ये सुकूते-यास[4], ये दिल की रगों का टूटना
ख़ामोशी में कुछ शिकस्ते-साज़[5] की बातें करो

कुछ क़फ़स[6] की तीलियों से छन रहा है नूर-सा
कुछ फिज़ा[7] कुछ हसरते-परवाज़[8] की बातें करो

जिसकी फुरक़त[9] ने पलट दी इश्क़ की काया 'फ़िराक़'
आज उसी ईसा-नफ़स-दमसाज़[10] की बातें करो।

---

1. माशूक़ की गौरवपूर्ण नज़र 2. आत्म-वित्सर्जन 3. बिखरे केशों की महक 4. निराशा की चुप्पी 5. साज़ का टूटना 6. पिंज़रे 7. मौसम 8. आकाश 9. जुदाई 10. हज़रत ईसा की तरह फूंक मारकर जिला देने वाला

'Firaq' Gorakhpuri

Upnaam : 'Firaq' Gorakhpuri
Naam : Raghupati Sahay
Janam : 1896 (Gorakhpur)
Dehaant : 1982 (Lucknow)

Shame-gham kuch us nigahe-naaz[1] ki baatein karo
Bekhudi[2] badhti chali hai, raaz ki baatein karo

Nikahate-zulfe-pareshan[3], daastaane-shame-gham
Subhah hone tak isi andaaz ki baatein karo

Yeh sukoote-yaas[4], yeh dil ki ragon ka tootna
Khamoshi mein kuch shikaste-saaz[5] ki baatein karo

Kuch qafas[6] ki teeliyon se chhan raha hai noor sa
Kuchh fizaa[7], kuch hasrate-parwaaz[8] ki baatein karo

Jiski furqat[9] ne palat di ishq ki kaya 'Firaq'
Aaj usi Isa-Nafas damsaaz[10] ki baatein karo.

---

1. Mashuq ki gaurvpurn nazar 2. Atma-visarzan 3. Bikhrey kesho ki mehak
4. Nirasha ki chuppi 5. Saaz ka tootna 6. Pinjare 7. Mausam 8. Aakash 9. Judai
10. Hazrat Isa ki tarah phook markar jila dene wala

Ghulam Mustafa 'Tabassum'

Alias   : 'Tabassum'
Name   : Sufi Ghulam Mustafa
Birth   : 1899 (Amritsar)
Death   : 1978 (Lahore, Pakistan)

The caravans which have from your pathways passed
Have a million vicissitudes of fortune crossed

Their lust knows only what their eyes can see
They have not yet known what the softening of the heart can be

Every other foot-print your foot-print appeared
At every step we felt we were passing through your trodden path

From our street and terrace we have seen them pass
God knows where those caravans are going to halt

Whichever way those parted from their love have gone
The pathway of pain has gone further on

Those taverns also on our way fell
Where one could be intoxicated without wine as well.

تخلص	:	تبسم
نام	:	صوفی غلام مصطفیٰ
پیدائش	:	1899 (امرتسر)
وفات	:	1978 (لاہور، پاکستان)

ہزار گردشِ شام و سحر سے گزرے ہیں
وہ قافلے جو تری رہ گزر سے گزرے ہیں

ابھی ہوس کو میسر نہیں دلوں کا گداز
ابھی یہ لوگ مقامِ نظر سے گزرے ہیں

ہر ایک نقش پہ تھا تیرے نقشِ پا کا گماں
قدم قدم پہ تری رہ گزر سے گزرے ہیں

نہ جانے کون سی منزل پہ جاکے رک جائیں
نظر کے قافلے دیوار و در سے گزرے ہیں

کچھ اور پھیل گئیں درد کی کٹھن راہیں
غمِ فراق کے مارے جدھر سے گزرے ہیں

جہاں سرور تھا میسر جام و مے کے بغیر
وہ میکدے بھی ہماری نظر سے گزرے ہیں

गुलाम मुस्तफ़ा 'तबस्सुम'

उपनाम : 'तबस्सुम'
नाम : सूफ़ी गुलाम मुस्तफ़ा
जन्म : 1899 (अमृतसर)
देहान्त : 1978 (लाहौर, पाकिस्तान)

हज़ार गर्दिशे-शामो-सहर[1] से गुज़रे हैं
वो क़ाफ़िले जो तेरी रहगुज़र से गुज़रे हैं

अभी हवस को मयस्सर[2] नहीं दिलों का गुदाज़[3]
अभी ये लोग मुक़ामे-नज़र[4] से गुज़रे हैं

हर एक नक़्श[5] पे था तेरे नक़्शे-पा[6] का गुमां[7]
क़दम-क़दम पे तेरी रहगुज़र से गुज़रे हैं

न जाने कौन-सी मंज़िल पे जा के रुक जाएं
नज़र के क़ाफ़िले दीवारो-दर[8] से गुज़रे हैं

कुछ और फैल गई दर्द की कठिन राहें
ग़मे-फ़िराक़[9] के मारे जिधर से गुज़रे हैं

जहां सुरूर[10] मयस्सर था जामो-मय[11] के बग़ैर
वो मयकदे[12] भी हमारी नज़र से गुज़रे हैं।

---

1. सुबह-शाम का चक्र (काल-चक्र) 2. प्राप्त 3. कोमलता 4. दृष्टि-स्तर 5. चिन्ह
6. पद-चिन्ह 7. भ्रम 8. दीवार तथा दरवाज़ा 9. बिछोह से पीड़ित 10. नशा, आनन्द
11. मदिरा तथा मदिरा-पात्र 12. मधुशालाएं

Ghulam Mustafa 'Tabassum'

Upnaam   : 'Tabassum'
Naam   : Sufi Ghulam Mustafa
Janam   : 1899 (Amritsar)
Dehaant : 1978 (Lahore, Pakistan)

Hazaar gardishe-shaamo sahar[1] se guzre hain
Woh qaafile jo teri rahguzar se guzre hain

Abhi hawas ko mayyassar[2] nahin dilon ka gudaaz[3]
Abhi yeh log muqaame-nazar[4] se guzrey hain

Har ek naqsh[5] pe tha tere naqshe-pa[6] ka ghumaa[7]
qadam-qadam pe teri rahguzar se guzre hain

Na jaane kaun-si manzil pe jaake ruk jaayen
Nazar ke qaafile diwaro-dar[8] se guzre hain

Kuchh aur phail gayin dard ki kathin raahein
Ghame-firaaq[9] ke maare jidhar se guzre hain

Jahan surur[10] mayassar tha jaamo-may[11] ke baghair
Woh mayakade[12] bhi hamaari nazar se guzre hain.

---

1. Subhah-sham ka chakr (kaal-chakr) 2. Prapt 3. Komalta 4. Drishti-ctar 5. Chinh
6. Padchinh 7. Bhram 8. Diwar tatha darwaja 9. Bichhoh se peedit 10. Nasha, anand 11. Madira tatha madira-patr 12. Madhushalaein

Pandit Harichand 'Akhtar'

Alias : 'Akhtar'
Name : Pandit Harichand
Birth : 1900 (Hoshiyarpur)
Death : 1958 (Delhi)

As I step into my youth, I feel like falling for somebody
The time has come when humans, for me, will assume divinity

As soon as he saw her, the zahid said, "honestly speaking
Now the time has come for bowing and beseeching."

The eloquence of his silence has only one meaning
That he is going to express himself through weeping

I too need a favour now from my friends, which means surely
The time has come for their infidelity

As the soothsayer said that I would rise high
I knew, I would have to cringe before the mean and the sly.

تخلص	:	اختر
نام	:	پنڈت ہری چند
پیدائش	:	1900 (ہوشیارپور)
وفات	:	1958 (دلّی)

شباب آیا کسی بت پر فدا ہونے کا وقت آیا
مری دنیا میں بندے کے خدا ہونے کا وقت آیا

انہیں دیکھا تو زاہد نے کہا ایمان کی یہ ہے
کہ اب انسان کے سجدہ روا ہونے کا وقت آیا

تکلم کی خموشی کہہ رہی ہے حرفِ مطلب سے
کہ اشک آموز نظروں سے ادا ہونے کا وقت آیا

ہمیں بھی آ پڑا ہے دوستوں سے کام کچھ یعنی
ہمارے دوستوں کے بے وفا ہونے کا وقت آیا

نویدِ سر بلندی دی منظّم نے تو میں سمجھا
سگانِ دہر کے آگے دتا ہونے کا وقت آیا

पण्डित हरिचन्द 'अख़्तर'

उपनाम : 'अख़्तर'
नाम : पण्डित हरिचन्द
जन्म : 1900 (होशियारपुर)
देहान्त : 1958 (दिल्ली)

शबाब¹ आया किसी बुत पर फ़िदा² होने का वक़्त आया
मेरी दुनिया में बंदे के ख़ुदा होने का वक़्त आया

उन्हें देखा तो ज़ाहिद³ ने कहा ईमान की ये है
कि अब इन्सान के सिजदा रवा⁴ होने का वक़्त आया

तकल्लुम⁵ की ख़ामोशी कह रही है हर्फ़े-मतलब⁶ से
कि अश्क-आमोज़⁷ नज़रों से अदा होने का वक़्त आया

हमें भी आ पड़ा है दोस्तों से काम कुछ यानी
हमारे दोस्तों के बेवफ़ा होने का वक़्त आया

नवेदे-सरबुलंदी दी मुनज्जिम⁸ ने तो मैं समझा
सगाने-दहर⁹ के आगे दता¹⁰ होने का वक़्त आया।

---

1. यौवन   2. आसक्त   3. विरक्त   4. उचित, योग्य   5. बातचीत   6. अर्थ-रूपी अक्षर
7. आंसू-भरी   8. ज्योतिष   9. दुनिया के कुत्ते   10. झुकना

Pandit Harichand 'Akhtar'

Upnaam : 'Akhtar'
Naam : Pandit Harichand
Janam : 1900 (Hoshiyarpur)
Dehaant : 1958 (Delhi)

Shabaab[1] aaya kisi but par fida[2] hone ka wakt aaya
Meri duniya mein bande ke khuda hone ka wakt aaya

Unhe dekha to zahid[3] ne kaha Imaan ki yeh hai
Ki ab insaan ke sajda rava[4] hone ka waqt aaya

Takallum[5] ki khamoshi kah rahi hai harf-e-matlab[6] se
Ki ashq aamoz[7] nazron se ada hone ka waqt aaya

Hamein bhi aa padaa hai doston se kaam kuch yaani
Hamare doston ke bewafa hone ka wakt aaya

Nawed-e-sarbulandi di munazzim[8] ne to main samjha
Sagaan-e-dahar[9] ke aage data[10] hone ka waqt aaya.

---

1. Yuwan 2. Aasakt 3. Virakt 4. Uchit, Yogya 5. Baatcheet 6. Arth-rupi akshar
7. Aansu-bhari 8. Jyotish 9. Duniya ke kutte 10. Jhukna

'Makhmoor' Dehlvi

Alias : 'Makhmoor' Dehlvi
Name : Fazale Ellahi
Birth : 1901 (Delhi)
Death : 1955 (Delhi)

Nobody can my destination know
Where I am, not even the angels can go

Love happens, it is not to be excited
It is a flame that doesn't have to be ignited

I find it hard to beg even in beggary
I just cannot stretch my hand and feel easy

Only a few hearts are for love especially made
It's a song which cannot be on every instrument played

The scars of desires frustrated, I press to my heart
With the wealth unsought, it is not easy to part.

تخلص	:	محمود دہلوی
نام	:	فضلِ الٰہی
پیدائش	:	1901 (دہلی)
وفات	:	1955 (دہلی)

کسی سے میری منزل کا پتا پایا نہیں جاتا
جہاں میں ہوں فرشتوں سے وہاں جایا نہیں جاتا

محبت ہو تو جاتی ہے محبت کی نہیں جاتی
یہ شعلہ خود بھڑک اٹھتا ہے بھڑکایا نہیں جاتا

فقیری میں بھی مجھ کو مانگنے میں شرم آتی ہے
سوالی ہو کے مجھ سے ہاتھ پھیلایا نہیں جاتا

محبت کے لئے کچھ خاص دل مخصوص ہوتے ہیں
یہ وہ نغمہ ہے جو ہر ساز پہ گایا نہیں جاتا

ہر اک داغِ تمنا کو کلیجے سے لگایا ہے
کہ گھر آئی ہوئی دولت کو ٹھکرایا نہیں جاتا

'मख़मूर' देहलवी

उपनाम : 'मख़मूर' देहलवी
नाम : फज़ले इलाही
जन्म : 1901 (दिल्ली)
देहान्त : 1955 (दिल्ली)

किसी से मेरी मंज़िल का पता पाया नहीं जाता
जहां मैं हूं फ़रिश्तों से वहां जाया नहीं जाता

मोहब्बत हो तो जाती है मोहब्बत की नहीं जाती
ये शोला ख़ुद भड़क उठता है भड़काया नहीं जाता

फ़क़ीरी में भी मुझको मांगने में शर्म आती है
सवाली[1] होके मुझसे हाथ फैलाया नहीं जाता

मोहब्बत के लिए कुछ ख़ास दिल मख़सूस[2] होते हैं
ये वो नग़्मा है जो हर साज़ पे गाया नहीं जाता

हर एक दाग़-ए-तमन्ना को कलेजे से लगाया है
कि घर आई हुई दौलत को ठुकराया नहीं जाता।

---

1. याचक 2. विशिष्ट

'Makhmoor' Dehlvi

Upnaam : 'Makhmoor' Dehlvi
Naam : Fazale Ellahi
Janam : 1901 (Delhi)
Dehaant : 1955 (Delhi)

Kisi se meri manzil ka pata paya nahin jaata
Jahan main hun farishton se wahan aaya nahin jata

Mohabbat ho to jaati hai mohabbat ki nahin jaati
Yeh shola khud bhadak uthta hai bhadkaya nahin jata

Faqiri mein bhi mujhko maangne mein sharm aati hai
Sawaali[1] hoke mujhse haath phelaya nahin jaata

Mohabbat ke liye kuch khas dil makhsoos[2] hote hain
Yeh woh naghma hai jo har saaz pe gaaya nahin jata

Har ek daag-e-tamanna ko kaleje se lagaaya hai
Ki ghar aayi hui daulat ko thukraya nahin jata.

---

1. Yachak 2. Vishesh

'Andleeb' Shadani

Alias : 'Andleeb' Shadani
Name : Wazahat Hussain
Birth : 1902 (Sambhal, Muradabad)
Death : 1969 (Dhaka, Bangladesh)

You delayed your arrival, but thank God, you came
I kept fervently hoping, though I was a little nervous all the same

Stars, flowers, rainbow, lightning, songs, twilight and the night moonlit
All are tugged in her garment if only I can get hold of it

I can sacrifice every other desire for love's sake
If only I find somebody to accept me and a slight gesture make

This kindly smile though it is so harmless looking, so fair
Just imagine if an innocent person were to be lured into this snare

It is no hearsay, I have personally experienced it
Even the flowers emit flames once the fires of love are lit

O friends, make some distinction at least between compulsion and folly
What should a helpless person do,
if he madly falls in love, with somebody

That history repeats itself is a plain lie
Or else let it bring back my days of youth, gone by.

تخلص	: عندلیب شادانی
نام	: وجاہت حسین
پیدائش	: 1902 (سنبھل، مراد آباد)
وفات	: 1969 (ڈھاکہ، بنگلہ دیش)

دیر گلی آنے میں تم کو، شکر ہے پھر بھی آئے تو
اس نے دل کا ساتھ نہ چھوڑا ویسے ہم گھبرائے تو

شفق، دھنک، مہتاب، گھٹائیں، تارے، نغمہ، بجلی، پھول
اس دامن میں کیا کیا کچھ ہے وہ دامن ہاتھ میں آئے تو

چاہت کے بدلے میں ہم تو بیچ دیں اپنی مرضی تک
کوئی ملے تو دل کا گاہک کوئی ہمیں اپنائے تو

کیوں یہ مہر انگیز تبسم ہمدمِ نظر جب کچھ بھی نہیں
ہائے کوئی انجان اگر اس دھوکے میں آجائے تو

سنی سنائی بات نہیں یہ اپنے اوپر بیتی ہے
پھول نکلتے ہیں شعلوں سے، چاہت آگ لگائے تو

جھوٹ ہے سب، تاریخ ہمیشہ اپنے کو دہراتی ہے
اچھا! میرا خواب جوانی تھوڑا سا دہرائے تو

نادانی اور مجبوری میں یارو! کچھ تو فرق کر و
اک بے بس انسان کرے کیا ٹوٹ کے دل آجائے تو

'अंदलीब' शादानी

उपनाम : 'अंदलीब' शादानी
नाम : वजाहत हुसैन
जन्म : 1902 (संभल, मुरादाबाद)
देहान्त : 1969 (ढाका, बांग्लादेश)

देर लगी आने में तुमको, शुक्र है फिर भी आए तो
आस ने दिल का साथ न छोड़ा वैसे हम घबराए तो

शफ़क़[1], धनुक[2], महताब[3], घटाएं, तारे, नग़्मे, बिजली, फूल
उस दामन में क्या-क्या कुछ है वो दामन हाथ में आए तो

चाहत के बदले में हम तो बेच दें अपनी मर्ज़ी तक
कोई मिले तो दिल का गाहक कोई हमें अपनाए तो

क्यों ये मिहर-अंगेज़[4] तबस्सुम[5], मद्दे-नज़र[6] जब कुछ भी नहीं
हाय कोई अनजान अगर इस धोके में आ जाए तो

सुनी-सुनाई बात नहीं ये अपने ऊपर बीती है
फूल निकलते हैं शो'लों से, चाहत आग लगाए तो

झूठ है सब, तारीख़ हमेशा अपने को दोहराती है
अच्छा! मेरा ख़्वाबे-जवानी थोड़ा-सा दोहराए तो

नादानी और मजबूरी में कुछ तो यारो फ़र्क़ करो
इक बेबस इन्सान करे क्या टूट के दिल आ जाए तो।

---

1. सूर्य की लालिमा 2. इन्द्रधनुष 3. चांद 4. कृपालु 5. मुस्कान 6. दृष्टि में

'Andleeb' Shadani

Upnaam : 'Andleeb' Shadani
Naam   : Wazahat Hussain
Janam   : 1902 (Sambhal, Muradabad)
Dehaant : 1969 (Dhaka, Bangladesh)

Der lagi aane mein tumko, shukr hai phir bhi aaye to
Aas ne dil ka saath na chhoda waise hum ghabraye to

Shafaq[1], dhanuk[2], mahtaab[3], ghatayein, taare, naghme, bijli, phool
Us daaman mein kya-kya kuch hai woh daaman hath mein aaye to

Chahat ke badle mein hum to bech dein apni marzi tak
Koi mile to dil ka gahak koi hamein apnaaye to

Kyon ye mihar-angez[4] tabassum[5], madde-nazar[6] jab kuch bhi nahin
Hai koi anjaan agar is dhoke mein aa jaaye to

Suni-sunai baat nahin ye apne upar biti hai
Phool nikalte hain sholon se, chahat aag lagaye to

Jhooth hai sab, tareekh hamesha apne ko dohraati hai
Achha! Mera khwabe-jawaani thoda sa dohraye to

Naadani aur majboori mein kuch to yaaro farq karo
Ek bebas insaan kare kya toot ke dil aa jaaye to.

---

1. Surya ki laalima 2. Indradhanush 3. Chand 4. Kripalu 5. Muskan 6. Drishti mein

Chirag Hasan 'Hasrat'

Alias : 'Hasrat'
Name   : Chirag Hasan
Birth : 1904 (Bamiyar-Punch)
Death : 1955 (Lahore, Pakistan)

O God, you should have done at least this much at the time of parting
That the hand which is now placed on
   my heart should have been in prayer rising

In the first place, the sorrow of love is murderous
   and then this my heart, the silly thing
Either you should not have given me the heart or suffering

I could have lived on hope, found some consolation
You might not have kept the promise but should have made one

You heard others and to them your complaint made
You ought to have spoken to me, to me your grouse conveyed.

تخلص	:	حسرتؔ
نام	:	چراغ حسن
پیدائش	:	1904 (بامیار، پونچھ)
وفات	:	1955 (لاہور، پاکستان)

یارب غمِ ہجراں میں اتنا تو کیا ہوتا
جو ہاتھ جگر پر ہے وہ دستِ دعا ہوتا

اک عشق کا غم آفت اور اس پہ یہ دل آفت
یا غم نہ دیا ہوتا یا دل نہ دیا ہوتا

امید تو بندھ جاتی، تسکین تو ہو جاتی
وعدہ نہ وفا کرتے، وعدہ تو کیا ہوتا

غیروں سے کہا تم نے، غیروں سے سنا تم نے
کچھ ہم سے کہا ہوتا، کچھ ہم سے سنا ہوتا

चिराग़ हसन 'हसरत'

उपनाम : 'हसरत'
नाम : चिराग़ हसन
जन्म : 1904 (बमियार, पुंछ)
देहान्त : 1955 (लाहौर, पाकिस्तान)

या रब ग़मे-हिज्रां[1] में इतना तो किया होता
जो हाथ जिगर पर है, वो दस्ते-दुआ[2] होता

इक इश्क़ का ग़म आफ़त और उस पे ये दिल आफ़त
या ग़म ना दिया होता या दिल न दिया होता

उम्मीद तो बंध जाती, तस्कीन तो हो जाती
वादा न वफ़ा करते, वादा तो किया होता

ग़ैरों से कहा तुमने, ग़ैरों से सुना तुमने
कुछ हमसे कहा होता, कुछ हमसे सुना होता

---

1. जुदाई का ग़म 2. दुआ के लिए उठा हुआ हाथ

Chirag Hasan 'Hasrat'

Upnaam   : 'Hasrat'
Naam   : Chirag Hasan
Janam   : 1904 (Bamiyar-Punch)
Dehaant : 1955 (Lahore, Pakistan)

Ya rab ghame-hijran[1] mein itna to kiya hota
Jo haath jigar par hai woh daste dua[2] hota

Ek ishq ka gham aafat aur us pe ye dil aafat
Ya gham na diya hota ya dil na diya hota

Ummeed to bandh jaati taskeen to ho jaati
Vaada na wafa karte, vaada to kiya hota

Gairon se kaha tumne, gairon se suna tumne
Kuchh hamse kaha hota, kuchh hamse suna hota.

---

1. Judai ka gham   2. Dua ke liye utha hua haath

Saiyad Aabid Ali 'Aabid'

Alias : 'Aabid'
Name : Saiyad Aabid Ali
Birth : 1906 (Lahore, Pakistan)
Death : 1971 (Lahore, Pakistan)

What is the use of asking the moon and the stars
which weather to me some joys brings
They themselves go begging from door to door, the poor things

The streets in which we spent our time in peace supreme in great delight
Now like mad men, we are wandering there day and night

To light up things with charm and beauty is in this town a risky affair
On all sides a devouring darkness reigns here

Under whose thick and cool shade I once rested my mind
Those dark, dark tresses still before my eyes I find.

O how to explain, why to her alone I lost my heart
When many others are there with charming faces, sweet and smart

The goings-on in the garden and the forest here are best left unsaid
The birds are seen moving around with their nests on their head

People come to terms with their lot one way or the other and go on pretty
I am the only one O Abid, wandering around dishevelled and crazy.

تخلص	:	عابدؔ
نام	:	سید عابد علی
پیدائش	:	1906 (لاہور، پاکستان)
وفات	:	1971 (لاہور، پاکستان)

چاند ستاروں سے کیا پوچھوں کب دن میرے پھرتے ہیں
وہ تو بچارے خود ہیں بھکاری ڈیرے ڈیرے پھرتے ہیں

جن گلیوں میں ہم نے سکھ کی سیج پہ راتیں کاٹی تھیں
ان گلیوں میں پاگل ہو کر سانجھ سویرے پھرتے ہیں

روپ سروپ کی جوت جگانا اس نگری میں جو کھم ہے
چاروں کھونٹ بگولے بن کر گھور اندھیرے پھرتے ہیں

جن کے شام بدن سائے میں میرا من ستایا تھا
اب تک آنکھوں کے آگے وہ بال گھنیرے پھرتے ہیں

کوئی ہمیں بھی یہ سمجھا دو، ان پر دل کیوں ریجھ گیا
تیکھی چتون، بانکی چھب والے بہتیرے پھرتے ہیں

اس نگری کے باغ اور بن کی یارو لیلا نیاری ہے
پینچھی اپنے سر پہ اٹھا کر اپنے بسیرے پھرتے ہیں

لوگ تو دامن سی لیتے ہیں، جیسے ہو جی لیتے ہیں
'عابدؔ' ہم دیوانے ہیں، جو بال بکھیرے پھرتے ہیں

145

सय्यद आबिद अली 'आबिद'

उपनाम : 'आबिद'
नाम : सय्यद आबिद अली
जन्म : 1906 (लाहौर, पाकिस्तान)
देहान्त : 1971 (लाहौर, पाकिस्तान)

चांद-सितारों से क्या पूछूं कब दिन मेरे फिरते हैं
वो तो बिचारे खुद हैं भिखारी डेरे-डेरे फिरते हैं

जिन गलियों में हमने सुख की सेज पे रातें काटी थीं
उन गलियों में पागल होकर सांझ-सवेरे फिरते हैं

रूप-सरूप की जोत जगाना इस नगरी में जोखिम है
चारों खूंट बगूले बनकर घोर अंधेरे फिरते हैं

जिनके शाम-बदन साए में मेरा मन सुस्ताया था
अब तक आंखों के आगे वो बाल-घनेरे फिरते हैं

कोई हमें भी ये समझा दो, उन पर दिल क्यों रीझ गया
तीखी चितवन, बांकी छब वाले बहुतेरे फिरते हैं

इस नगरी के बाग़ और बन की यारो लीला न्यारी है
पंछी अपने सर पे उठा कर अपने बसेरे फिरते है

लोग तो दामन सी लेते हैं, जैसे हो जी लेते हैं
'आबिद' हम दीवाने हैं, जो बाल बिखेरे फिरते हैं।

Saiyad Aabid Ali 'Aabid'

Upnaam   : 'Aabid'
Naam   : Saiyad Aabid Ali
Janam   : 1906 (Lahore, Pakistan)
Dehaant : 1971 (Lahore, Pakistan)

Chaand sitaron se kya puchoon kab din mere phirte hain
Woh to bichare khud hain bhikhari dere- dere phirte hain

Jin galiyon mein hamne sukh ki sej pe raatein kaati thin
Un galiyon mein pagal hokar sanjh-savere phirte hain

Roop-saroop ki jot jagaana is nagri mein jokhim hai
Charon khoont bagule banker ghor andhere phirte hain

Jinke shaam-badan saaye mein mera man sustaaya tha
Ab tak ankhon ke aage woh baal ghanere phirte hain

Koi hamein bhi yeh samjha do un par dil kyon reejh gaya
Teekhi chitvan, baanki chhab waale bahutere phirte hain

Is nagri ke baag aur ban ki yaaro leela nyari hai
Panchi apne sar pe utha kar apne basere phirte hain

Log to daaman si lete hain, jaise ho ji lete hain
'Aabid' hum diwaane hain, jo baal bikhere phirte hain.

Abdul Hameed 'Adam'

Alias : 'Adam'
Name : Abdulhameed
Birth : 1909 (Talwandi, Gujranwala)
Death : 1981 (Lahore, Pakistan)

The people who were purposely not seeing
I think became better human being

O ask me not what transpired on the day of judgement
She became deliberately ignorant

The people who are considered wise and intelligent
Laugh at me and associate me with your temperament

For us reaching the heart of the river was a far cry
Close to the bank itself did the storms lie

To be honest with you, Sheikh ji
You too became a man, unfortunately

There were lots of thorns O Adam, in the nature's bed
Some of them became flowers, others my desires hot and red.

تخلص	:	عدمؔ
نام	:	عبدالحمید
پیدائش	:	1909 (تکونڈی، گجراں والا)
وفات	:	1981 (لاہور، پاکستان)

جو لوگ جان بوجھ کے نادان بن گئے
میرا خیال ہے کہ وہ انسان بن گئے

ہم حشر میں گئے مگر کچھ نہ پوچھئے
وہ جان بوجھ کر وہاں انجان بن گئے

ہنستے ہیں ہم کو دیکھ کے اربابِ آگہی
ہم آپ کے مزاج کی پہچان بن گئے

منجدھار تک پہنچنا تو ہمت کی بات تھی
ساحل کے آس پاس ہی طوفان بن گئے

انسانیت کی بات تو اتنی ہے شیخ جی
بدقسمتی سے آپ بھی انسان بن گئے

کانٹے بہت تھے دامنِ فطرت میں اے عدمؔ
کچھ پھول اور کچھ مرے ارمان بن گئے

अबदुल हमीद 'अदम'

उपनाम : 'अदम'
नाम : अबदुल हमीद
जन्म : 1909 (तलवंडी, गुजरांवाला)
देहान्त : 1981 (लाहौर, पाकिस्तान)

जो लोग जानबूझ के नादान बन गए
मेरा ख़्याल है कि वो इन्सान बन गए

हम हश्र[1] में गए मगर कुछ न पूछिए
वो जानबूझ कर वहां अनजान बन गए

हंसते हैं हम को देख के अरबाबे-आगही[2]
हम आप के मिज़ाज की पहचान बन गए

मझधार तक पहुंचना तो हिम्मत की बात थी
साहिल के आस-पास ही तूफ़ान बन गए

इन्सानियत की बात तो इतनी है शैख़[3] जी
बदक़िस्मती से आप भी इन्सान बन गए

कांटे बहुत थे दामने-फ़ितरत[4] में ऐ 'अदम'
कुछ फूल और कुछ मेरे अरमान बन गए।

---

1. प्रलय-क्षेत्र 2. बुद्धिजीवी 3. धर्मोपदेशक 4. प्रकृति का दामन

Abdul Hameed 'Adam'

Upnaam : 'Adam'
Naam : Abdulhameed
Janam : 1909 (Talwandi, Gujranwala)
Dehaant : 1981 (Lahore, Pakistan)

Jo log jaanboojh ke nadaan ban gaye
Mera khayal hai ki woh insaan ban gaye

Hum hashr[1] mein gaye magar kuch na puchhiye
Woh jaanboojh kar wahan anjaan ban gaye

Hanste hain humko dekh ke arbabe-aagahi[2]
Hum aapke mizaaj ki pehchan ban gaye

Majhdhaar tak pahunchna to himmat ki baat thi
Sahil ke aas paas hi tufaan ban gaye

Insaaniyat ki baat to itni hai Sheikh[3] ji
Badqismati se aap bhi insaan ban gaye

Kaante bahut the daamne-fitrat[4] mein ae 'Adam'
Kuchh phool aur kuch mere armaan ban gaye.

---

1. Pralay-kshetra 2. Buddhijeevi 3. Dharmopdeshak 4. Prakriti ka daman

'Ravish' Siddiqui

Alias : 'Ravish' Siddiqui
Name : Shahid Azeez
Birth : 1909 (Jwalapur)
Death : 1971 (Shahjhanpur)

We have left the tavern after breaking the goblet and
   the wine-glass there
With whom our experience of the narcissus' –
   (Saqi's) inebriated eyes do we now share

The lighetning hides behind the clouds,
   the desert is silent and the storm brewing
Which way romantically struck, all made up, are we going

Life was a saga of constant desire
But I could never for you aspire

You too are becoming worldly wise, O heart
You too are now for me lost

Eyes desolate, broken hearts, lonely souls and lips tight
These towns present a desert's sight

The wine-jug may or may not reach me any more
Contended, I sit at the tavern's door.

تخلص	:	روشؔ صدیقی
نام	:	شاہد عزیز
پیدائش	:	1909 (جوالاپور)
وفات	:	1971 (شاہجہاں پور)

توڑ کر اٹھے ہیں جام و شیشہ و پیمانہ ہم
کس سے کہہ دیں آج رازِ نرگسِ مستانہ ہم

بجلیاں روپوش، طوفاں دم بخود، صحرا خموش
جا رہے ہیں کس طرف اے لغزشِ مستانہ ہم

زندگی ایک مستقل شرحِ تمنا تھی مگر
عمر بھر تیری تمنا سے رہے بیگانہ ہم

تجھ میں بھی کچھ ہوش مندانہ ادائیں آ گئیں
تجھ سے بھی اب بدگماں ہیں اے دلِ دیوانہ ہم

خشک آنکھیں، دل شکستہ، روح تنہا، لب خموش
بستیوں میں دیکھتے ہیں صورتِ ویرانہ ہم

ہم تک اب آئے نہ آئے دورِ پیمانہ روشؔ
مطمئن بیٹھے ہیں زیر سایۂ خانہ ہم

'रविश' सिद्दीक़ी

उपनाम : 'रविश' सिद्दीक़ी
नाम : शाहिद अज़ीज़
जन्म : 1909 (ज्वालापुर)
देहान्त : 1971 (शाहजहानपुर)

तोड़कर उट्ठे हैं जामो-शीशा-ओ-पैमाना हम
किस से कह दें आज राज़े-नर्गिसे-मस्ताना[1] हम

बिजलियां रूपोश[2], तूफ़ां दमबखुद[3], सहरा ख़मोश
जा रहे हैं किस तरफ़ ऐ लग़ज़िशे-मस्ताना[4] हम

ज़िंदगी इक मुस्तक़िल[5] शरहे-तमन्ना[6] थी मगर
उम्र भर तेरी तमन्ना से रहे बेगाना हम

तुझ में भी कुछ होशमंदाना अदाएं आ गईं
तुझ से भी अब बदगुमां हैं ऐ दिले-दीवाना हम

ख़ुश्क आंखें, दिल शिकस्ता[7], रूह तनूहा, लब ख़मोश
बस्तियों में देखते हैं सूरते-वीराना[8] हम

हम तक अब न आए दौरे-पैमाना[9] 'रविश'
मुतमइन[10] बैठे हैं ज़ेरे-साया-ए-मयख़ाना[11] हम।

---

1. नर्गिस के फूल जैसी मस्त आंखों का भेद 2. चेहरा ढंके हुए 3. दम साधे 4. मस्तीभरी लड़खड़ाहट 5. स्थायी 6. आकांक्षा की व्याख्या 7. टूटा दिल 8. वीरान जगह 9. शराब के प्याले का चक्र (बारी) 10. सन्तुष्ट 11. मधुशाला की छत्रछाया तले

'Ravish' Siddiqui

Upnaam   : 'Ravish' Siddiqui
Naam   : Shahid Azeez
Janam   : 1909 (Jwalapur)
Dehaant : 1971 (Shahjhanpur)

Todkar utthe hain jaamo-sheesha-o-paimana hum
Kis se kah dein aaj raze-nargise-mastaana[1] hum

Bijliyaan ruposh[2], toofan dambekhud[3], sahra khmosh
Ja rahe hain kis taraf ae lagzishe-mastaana[4] hum

Zindagi ek mustakil[5] sharhe-tamanna[6] thi magar
Umar bhar teri tamanna se rahe begaana hum

Tujh mein bhi kuch hoshmandana adayein aa gayin
Tujh se bhi ab badguman hain ae dile-diwana hum

Khushq aankhein, dil shikasta[7], ruh tanha, lab khmosh
Bastiyon mein dekhte hain surate-veerana[8] hum

Hum tak ab na aaye daure-paimana[9] 'Ravish'
Mutmain[10] baithe hain zere-saya-e-maykhana[11] hum.

---

1. Nargis ke phool jaisi mast aankhon ka bhed   2. Chehra dhake hue   3. Dum sadhe   4. Mastibhari ladkhadahat   5. Sthayi   6. Aakanksha ki vyakhya   7. Toota dil   8. Veeran jagah   9. Sharab ke pyale ka chakr (baari)   10. Santusht   11. Madhushala ki chatrachhaya tale

Moeen Hasan 'Jazbi'

Alias : 'Jazbi'
Name   : Moeen Hasan
Birth : 1912 (Mubarikpur, Azamgarh)
Death : 2006 (Aligarh)

Why should I wish to live, why for death send up a prayer
This world or that, why should I long for either

When the boat was in perfect shape, who would need to touch the shore
Now with this rickety boat, how can I hope to reach it any more

The fire that was lit up by you, was put out by the tears
But who would douse the flames kindled by those tears

The world has left me, Jazbi, why shouldn't I leave it too
Why should I run after it now when I know it through and through

❖ ❖ ❖

Can you ever imagine, do you know, O our life
How night and day to set your affairs right do we strive

O surging waves, give them too a gentle rap or two
Who watch the storm sitting on the shore and kind of a sight seeing do.

تخلص	:	جذبی
نام	:	معین حسن
پیدائش	:	1912 (مبارک پور، اعظم گڑھ)
وفات	:	2006 (علی گڑھ)

مرنے کی دعائیں کیوں مانگوں، جینے کی تمنا کون کرے
یہ دنیا ہو یا وہ دنیا، اب خواہشِ دنیا کون کرے

جب کشتی ثابت و سالم تھی، ساحل کی تمنا کس کو تھی
اب ایسی شکستہ کشتی پر ساحل کی تمنا کون کرے

جو آگ لگائی تھی تم نے، اس کو تو بجھایا اشکوں نے
جو اشکوں نے بھڑکائی ہے، اس آگ کو ٹھنڈا کون کرے

دنیا نے ہمیں چھوڑا 'جذبی' ہم چھوڑ نہ دیں کیوں دنیا کو
دنیا کو سمجھ کر بیٹھے ہیں، اب دنیا دنیا کون کرے

٭ ٭ ٭

کیا تجھ کو پتا کیا تجھ کو خبر دن رات خیالوں میں اپنے
اے کاکلِ گیتی ہم تجھ کو جس طرح سنوارا کرتے ہیں

اے موج بلا ان کو بھی ذرا دو چار تھپیڑے ہلکے سے
کچھ لوگ ابھی تک ساحل سے طوفاں کا نظارہ کرتے ہیں

मुइन हसन 'जज़्बी'

उपनाम : 'जज़्बी'
नाम : मुइन हसन
जन्म : 1912 (मुबारिकपुर, आज़मगढ़)
देहान्त : 2006 (अलीगढ़)

मरने की दुआएं क्यों मांगूं, जीने की तमन्ना कौन करे
ये दुनिया हो या वो दुनिया, अब ख़्वाहिशे-दुनिया[1] कौन करे

जब कश्ती साबितो-सालिम थी, साहिल[2] की तमन्ना किसको थी
अब ऐसी शिकस्ता[3] कश्ती पर साहिल की तमन्ना कौन करे

जो आग लगाई थी तुमने, उसको तो बुझाया अश्कों ने[4]
जो अश्कों ने भड़काई है, उस आग को ठण्डा कौन करे

दुनिया ने हमें छोड़ा 'जज़्बी', हम छोड़ न दें क्यों दुनिया को
दुनिया को समझ कर बैठे हैं, अब दुनिया-दुनिया कौन करे

◆ ◆ ◆

क्या तुझको पता क्या तुझको ख़बर दिन-रात ख़यालों में अपने
ऐ काकुले-गेती[5] हम तुझको जिस तरह संवारा करते हैं

ऐ मौजे-बला[6] उनको भी ज़रा दो-चार थपेड़े हल्के से
कुछ लोग अभी तक साहिल से तूफ़ां[7] का नज़ारा करते हैं।

---

1. दुनिया की इच्छा 2. तट 3. टूटी-फूटी 4. आंसूओं ने 5. संसार रूपी केश की लटें
6. भयंकर लहर 7. तूफ़ान

Moeen Hasan 'Jazbi'

Upnaam : 'Jazbi'
Naam : Moeen Hasan
Janam : 1912 (Mubarikpur, Azamgarh)
Dehaant : 2006 (Aligarh)

Marne ki duaein kyon maangu, jeene ki tamanna kaun kare
Ye duniya ho ya woh duniya, ab khwahishe-duniya[1] kaun kare

Jab kashti saabito-salim thi, sahil[2] ki tamanna kisko thi
Ab aisi shikasta[3] kashti par sahil ki tamanna kaun kare

Jo aag lagai thi tumne, usko to bujhaya ashqon ne[4]
Jo ashqon ne bhadkai hai, us aag ko thanda kaun kare

Duniya ne hamein chhoda 'Jazbi', hum chhod na dein kyon duniya ko
Duniya ko samajh kar baithe hain, ab duniya-duniya kaun kare

◆ ◆ ◆

Kya tujhko pata kya tujhko khabar din-raat khayalon mein apne
Ae kakule-geti[5] hum tujhko jis tarah sanwara karte hain

Ae mauje-bala[6] unko bhi zara do-char thapede halke se
Kuchh log abhi tak saahil se toofan[7] ka nazara karte hain.

---

1. Duniya ki iccha 2. Tat 3. Tooti-phooti 4. Aansuon ne 5. Sansar rupi kesh ki latein
6. Bhyankar lehar 7. Toofan

Mohammad Sanaullah Daar Saani 'Meeraji'

Alias : 'Meeraji'
Name : Mohammad Sanaullah Daar Saani
Birth : 1912 (Atara, Gujranwala)
Death : 1949 (Mumbai)

There is no point in dwelling on what all I left for sorrow's sake
Sorrow too has not suited me, some other course let me take

Everybody knows who merely said what was to be said and
　who did what was to be done
Should I then mean somebody else while speaking to someone

I lived my life because of him whether I lived happily or in misery
When the heart is well disposed, every difficulty becomes easy

The traveller is for ever chasing his destination
Let us declare wherever we get tired that
　our destination we have won

The poor should keep away from the powerful men
Whenever they meet, the latter think a favour they have done.

تخلص	:	میراجی
نام	:	محمد ثناء اللہ ڈارثانی
پیدائش	:	1912 (اٹارا، گجراں والا)
وفات	:	1949 (ممبئی)

غم کے بھروسے کیا کچھ چھوڑا، کیا اب تم سے بیان کریں
غم بھی راس نہ آیا دل کو اور ہی کچھ سامان کریں

کرنے اور کہنے کی باتیں کس نے کہیں اور کس نے کیں
کہتے کہتے دیکھیں کسی کو ہم بھی کوئی پیمان کریں

بھلی بری جیسی بھی گزری، ان کے سہارے گزری ہے
حضرتِ دل جب ہاتھ بڑھائیں، ہر مشکل آساں کریں

ایک ٹھکانا آگے آگے، پیچھے پیچھے مسافر ہے
چلتے چلتے سانس جو ٹوٹے منزل کا اعلان کریں

مجبوروں کی مختاروں سے دوری اچھی ہوتی ہے
مل بیٹھیں تو مبادا دونوں، باہم کچھ احسان کریں

मोहम्मद सनाउल्लाह डार सानी 'मीराजी'

उपनाम : 'मीराजी'
नाम : मोहम्मद सनाउल्लाह डार सानी
जन्म : 1912 (अटारा, गुजरांवाला)
देहान्त : 1949 (मुम्बई)

ग़म के भरोसे क्या कुछ छोड़ा, क्या अब तुमसे बयान करें
ग़म भी रास न आया दिल को और ही कुछ सामान करें

करने और कहने की बातें किसने कहीं और किसने कीं
कहते-कहते देखें किसी को हम भी कोई पैमान[1] करें

भली बुरी जैसी भी गुज़री, उनके सहारे गुज़री है
हज़रते-दिल जब हाथ बढाएं, हर मुश्किल आसान करें

एक ठिकाना आगे-आगे, पीछे-पीछे मुसाफ़िर है
चलते-चलते सांस जो टूटे, मंज़िल का एलान[2] करें

मजबूरों की मुख़्तारों से दूरी अच्छी होती है
मिल बैठें तो मुबादा[3] दोनों, बाहम कुछ एहसान करें।

---

1. वायदा 2. घोषणा 3. शायद

Mohammad Sanaullah Daar Saani 'Meeraji'

Upnaam : 'Meeraji'
Naam : Mohammad Sanaullah Daar Saani
Janam : 1912 (Atara, Gujranwala)
Dehaant : 1949 (Mumbai)

Gham ke bharose kya kuchh chhoda, kya ab tumse bayaan karein
Gham bhi raas na aaya dil ko aur hi kuch samaan karein

Karne aur kahne ki baatein kisne kahin aur kisne kien
Kahte-kahte dekhein kisi ko hum bhi koi paimaan[1] karein

Bhali buri jaisi bhi guzri, unke sahare guzri hai
Hazrate-dil jab hath badhayein, har mushkil aasaan karein

Ek thikana aage-aage, peeche-peeche musafir hai
Chalte-chalte saans jo toote, manzil ka ailaan[2] karein

Majburon ki Mukhtaaron se doori achchi hoti hai
Mil baithein to mubaada[3] dono, baaham kuch ehsaan karein.

---

1. Vayada 2. Ghoshna 3. Shayad

Faiz Ahmed 'Faiz'

Alias : 'Faiz'
Name : Faiz Ahmed
Birth : 1912 (Sialkot, Pakistan)
Death : 1973 (Islamabad, Pakistan)

In your love, having both the worlds lost
There goes one, his night of suffering past

Deserted is the tavern, the jar and cup are desolate too
You have taken away the spring season also along with you

Only a few days I got even to sin
Too well have I seen the generosity of heaven

The world has overshadowed your memories too
The cares of life are closer to the heart than even you

Just by the way today, she smiled, O Faiz
And what a flood of longings my poor heart has.

تخلص	:	فیض
نام	:	فیض احمد
پیدائش	:	1912 (سیالکوٹ)
وفات	:	1973 (اسلام آباد)

دونوں جہان تیری محبت میں ہار کے
وہ جا رہا ہے کوئی شبِ غم گزار کے

ویراں ہے میکدہ خم و ساغر اداس ہیں
تم کیا گئے کہ روٹھ گئے دن بہار کے

اک فرصتِ گناہ ملی، وہ بھی چار دن
دیکھے ہیں ہم نے حوصلے پروردگار کے

دنیا نے تیری یاد سے بیگانہ کر دیا
تجھ سے بھی دل فریب ہیں غم روزگار کے

بھولے سے مسکرا تو دیے تھے وہ آج 'فیضؔ'
مت پوچھ ولولے دل ناکردہ کار کے

फ़ैज़ अहमद 'फ़ैज़'

उपनाम : 'फ़ैज़'
नाम : फ़ैज़ अहमद
जन्म : 1912 (सियालकोट, पाकिस्तान)
देहान्त : 1973 (इस्लामाबाद, पाकिस्तान)

दोनों जहान तेरी मोहब्बत में हार के
वो जा रहा है कोई शबे-ग़म गुज़ार के

वीरां है मैकदा खुमो-साग़र[1] उदास हैं
तुम क्या गए कि रूठ गए दिन बहार के

इक फुर्सते-गुनाह[2] मिली, वो भी चार दिन
देखे हैं हमने हौसले परवरदिगार के[3]

दुनिया ने तेरी याद से बेगाना कर दिया
तुझ से भी दिलफ़रेब[4] है ग़म रोज़गार के[5]

भूले से मुस्करा तो दिए वो आज 'फ़ैज़'
मत पूछ वलवले दिले-नाकरदाकार[6] के।

शराब का प्याला और मटकी 2. पाप करने का अवकाश 3. भगवान के 4. हृदयाकर्षक
5. सांसारिक ग़म 6. अनुभवहीन दिल

Faiz Ahmed 'Faiz'

Upnaam : 'Faiz'
Naam : Faiz Ahmed
Janam : 1912 (Sialkot, Pakistan)
Dehaant : 1973 (Islamabad, Pakistan)

Dono jahan teri mohabbat mein haar ke
Woh ja raha hai koi shabe gham guzaar ke

Veeran hai maikada khumo-saagar[1] udaas hain
Tum kya gaye ki rooth gaye din bahaar ke

Ek fursate-gunaah[2] mili, woh bhi chaar din
Dekhe hain hamne hausle parwardigaar ke[3]

Duniya ne teri yaad se begaana kar diya
Tujh se bhi dilfareb[4] hain gham rozgaar ke[5]

Bhule se muskara to diye woh aaj 'Faiz'
Mat poochh walwale dile-naakardakaar[6] ke.

---

1. Sharab ka pyala aur matki 2. Paap karne ka avkaash 3. Bhagwan ke
4. Hridayakarshak 5. Sansarik gham 6. Anubhavheen dil

Faiz Ahmed 'Faiz'

Alias	:	'Faiz'
Name	:	Faiz Ahmed
Birth	:	1912 (Sialkot, Pakistan)
Death	:	1973 (Islamabad, Pakistan)

So that the flowers flush with colour,
so that the spring breeze starts blowing
Do come now, so that the garden's business gets going

The cage lies desolate, O friends, appeals to the breeze:
Let there be some talk of the beloved somewhere, please

The bond of suffering is strong indeed, the poor heart notwithstanding
For your sake they'll come again, though my comforters are now going

Whatever befell us, O evening of separation, was a part of the game
But our tears brightened you up all the same

No other place, O Faiz, appealed to me on the way
As I left my beloved's lane, my road straight to the gallows lay.

تخلص   :   فیض
نام   :   فیض احمد
پیدائش   :   1912 (سیالکوٹ)
وفات   :   1973 (اسلام آباد)

گلوں میں رنگ بھرے بادِ نو بہار چلے
چلے بھی آؤ کہ گلشن کا کاروبار چلے

قفس اداس ہے یارو صبا سے کچھ تو کہو
کہیں تو بہرِ خدا آج ذکرِ یار چلے

بڑا ہے درد کا رشتہ یہ دل غریب سہی
تمھارے نام پہ آئیں گے غم گسار چلے

جو ہم پہ گزری سو گزری مگر شبِ ہجراں
ہمارے اشک تیری عاقبت سنوار چلے

مقام فیض کوئی راہ میں جچا ہی نہیں
جو کوئے یار سے نکلے تو سوئے دار چلے

फ़ैज़ अहमद 'फ़ैज़'

उपनाम : 'फ़ैज़'
नाम : फ़ैज़ अहमद
जन्म : 1912 (सियालकोट, पाकिस्तान)
देहान्त : 1973 (इस्लामाबाद, पाकिस्तान)

गुलों में रंग भरे बादे-नौबहार[1] चले
चले भी आओ कि गुलशन का कारोबार चले

क़फ़स[2] उदास है यारो, सबा[3] से कुछ तो कहो
कहीं तो बहरे-ख़ुदा[4] आज ज़िक्रे-यार चले

बड़ा है दर्द का रिश्ता, ये दिल ग़रीब सही
तुम्हारे नाम पे आएंगे ग़मगुसार[5] चले

जो हम पे गुज़री सो गुज़री मगर शबे-हिज्रां[6]
हमारे अश्क तेरी आक़बत[7] संवार चले

मुक़ाम[8] 'फ़ैज़' कोई राह में जंचा ही नहीं
जो कूए-यार से[9] निकले तो सूए-दार[10] चले।

---

1. नव-वसन्त की हवा 2. पिंजरा 3. प्रभात-समीर 4. भगवान के लिए 5. हमदर्द 6. वियोग की राम को 7. परलोक 8. स्थान 9. यार की गली से 10. फांसी के तख़्ते की ओर

Faiz Ahmed 'Faiz'

Upnaam : 'Faiz'
Naam : Faiz Ahmed
Janam : 1912 (Sialkot, Pakistan)
Dehaant : 1973 (Islamabad, Pakistan)

Gulon mein rang bhare bade-naubahar[1] chale
chale bhi aao ki gulshan ka karobar chale

Qafas[2] udas hai yaro, saba[3] se kuchh to kaho
kahin to behare-khuda[4] aaj zikre-yaar chale

Bada hai dard ka rishta, ye dil gharib sahi
tumhare naam pe aayenge ghamgusar[5] chale

Jo hum pe guzri so guzri magar shab-e-hijran[6]
humare ashq teri aaqbat[7] sanwar chale

Muqaam[8] 'Faiz' koi raah mein jancha hi nahin
jo kue-yaar se[9] nikle to sue-daar[10] chale.

---

1. Nav-basant ki hawa 2. Pinjra 3. Prabhat-sameer 4. Bhagwan ke liye 5. Humdard
6. Viyog ki ram ko 7. Parlok 8. S than 9. Yaar ki gali se 10. Phansi ke takhte ki aur

Majeed Amjad 'Amjad'

Alias : 'Amjad'
Name : Majeed Amjad
Birth : 1914 (Jhang Maghiyana)
Death : 1979 (Sahewaal)

How shall I complete this journey, O my heart
My life is reducing, my distance decreasing
but I am still in the desert vast

I embraced the joys and found the going tough
Sorrows at whose feet I would fall is a lover cruel and rough

My body and my shadow were with me
when the journey was hard and long
Now none is by my side when the distance is gone

Much better it is to stay within oneself and there dissolve
There are neither friends nor foes around, I have seen them all

I confront the world which stands before me like a glass wall verily
Our eyes meet, our bodies stand apart and lonely

Everybody is telling his tale of woe, how many can you hear
All of them speak the same vernacular, but their dialects differ.

تخلص	:	امجدؔ
نام	:	مجید امجد
پیدائش	:	1914 (جھنگ مگھیانہ)
وفات	:	1979 (ساہیوال)

اب یہ مسافت کیسے طے ہو اے دل تو ہی بتا
کٹتی عمر اور گھٹتے فاصلے پھر بھی وہی صحرا

خوشیوں کا منہ چوم کے دیکھا، دنیا مان بھری
دکھ وہ سجن کٹھور کہ جس کو روح کرے سجدا

اپنا پیکر، اپنا سایہ، کالے کوس کٹھن
دوری کی جب سنگت ٹوٹی، کوئی قریب نہ تھا

اپنے گرد اب اپنے آپ میں گھلتی سوچ بھلی
کس کے دوست اور کیسے دشمن، سب کو دیکھ لیا

کانچ کی اک دیوار زمانہ، آمنے سامنے ہم
نظروں سے نظروں کا بندھن، جسم سے جسم جدا

دکھڑے کہتے لاکھوں مکھڑے، کس کس کی سنئے
بولی تو اک اک کی ویسی، بانی سب کی جدا

मजीद अमजद 'अमजद'

उपनाम : 'अमजद'
नाम : मजीद अमजद
जन्म : 1914 (झंग मघियाना)
देहान्त : 1979 (साहेवाल)

अब ये मसाफ़त[1] कैसे तै हो, ऐ दिल तू ही बता
कटती उम्र और घटते फ़ासले, फिर भी वही सहरा[2]

खुशियों का मुंह चूम के देखा, दुनिया मान भरी
दुख वो सजन कठोर कि जिस को रूह करे सिजदा

अपना पैकर[3], अपना साया, काले कोस कठिन
दूरी की जब संगत टूटी, कोई क़रीब न था

अपने गिर्द अब अपने आप में घुलती सोच भली
किस के दोस्त और कैसे दुश्मन, सब को देख लिया

कांच की एक दीवार ज़माना, आमने-सामने हम
नज़रों से नज़रों का बंधन, जिस्म से जिस्म जुदा

दुखड़े कहते लाखों मुखड़े, किस-किस की सुनिए
बोली तो इक-इक की वैसी, बानी सब की जुदा।

---

1. फ़ासिला 2. मरुस्थल 3. आकार, शरीर

Majeed Amjad 'Amjad'

Upnaam : 'Amjad'
Naam : Majeed Amjad
Janam : 1914 (Jhang Maghiyana)
Dehaant : 1979 (Sahewaal)

Ab yeh masafat[1] kaise tai ho, ai dil tu hi bata
Katati umr aur ghate faasle, phir bhi wahi sehra[2]

Khushiyon ka muh chum ke dekha, duniya maan bhari
Dukh woh sajan kathor hai ki jis ko rooh kare sijda

Apna paikar[3], apna saaya, kale kos kathin
Doori ki jab sangat tooti, koi qareeb na tha

Apne gird ab apne aap mein ghulti soch bhali
Kis ke dost aur kaise dushman, sab ko dekh liya

Kaanch ki ek diwaar zamaana, amne saamne hum
Nazron se nazron ka bandhan, jism se jism juda

Dukhde kehte lakhon mukhde, kis kis ki suniye
Boli to ek-ek ki waisi, baani sab ki judaa.

---

1. Fasila 2. Marusthal 3. Aakaar, Shareer

Ghulam Rabbani 'Taaban'

Alias : 'Taaban'
Name : Ghulam Rabbani
Birth : 1917 (Patora, Qayamganj)
Death : 1993 (Delhi)

Today when somebody by the way mentioned your name
My heart kind of suffered a stroke, my pain to my help came

Determined, I left home but after that, ask me not about my condition
The dust of the road was on that journey my only companion

Under the shadow of walls, O crazy one, my life I spent
Unnecessarily I took the blame that only for an easy life I was meant

When I was dog tired in the course of my quest
Under the cool shade of her tresses for a while I sat down for rest

They alone get the drink who are courageous and smart
Whether you die of thirst or fires burn in your heart, the world cares not.

تخلص	:	تاباں
نام	:	غلام ربانی
پیدائش	:	1917 (چورا، قائم گنج)
وفات	:	1993 (دہلی)

آج کسی نے باتوں باتوں میں جب ان کا نام لیا
دل نے جیسے ٹھوکر کھائی، دردونے بڑھ کے تھام لیا

گھر سے دامن جھاڑ کے نکلے، وحشت کا سامان نہ پوچھ
یعنی گردِ راہ سے ہم نے رختِ سفر کا کام لیا

دیواروں کے سائے سائے عمر بتائی دیوانے
مفت میں تن آسانی ٔ غم کا اپنے پر الزام لیا

راہِ طلب میں چلتے چلتے تھک کے جب ہم چور ہوئے
زلف کی ٹھنڈی چھاؤں میں بیٹھے پل دو پل آرام لیا

ہونٹ جلیں یا سینہ سلگے، کوئی ترس کب کھاتا ہے
جام اسی کا جس نے 'تاباں'، جرأت سے کچھ کام لیا

गुलाम रब्बानी 'ताबां'

उपनाम : 'ताबां'
नाम : गुलाम रब्बानी
जन्म : 1917 (पाटोरा, कायमगंज)
देहान्त : 1974 (दिल्ली)

आज किसी ने बातों-बातों में जब उनका नाम लिया
दिल ने जैसे ठोकर खाई, दर्द ने बढ़ के थाम लिया

घर से दामन झाड़के निकले, वहशत का सामान न पूछ
यानी गर्दे-राह से हमने रख्ते-सफर¹ का काम लिया

दीवारों के साए-साए उम्र बिताई दीवाने
मुफ़्त में तन-आसानी-ए-ग़म² का अपने पर इलज़ाम लिया

राहे-तलब³ में चलते-चलते थक के जब हम चूर हुए
जुल्फ़ की ठण्डी छांव में बैठे पल दो पल आराम लिया

होंठ जलें या सीना सुलगे, कोई तरस कब खाता है
जाम⁴ उसी का जिसने 'ताबां' जुरअत से कुछ काम लिया ।

---

1. यात्रा की सामग्री 2. ग़म का बोझ न उठाना 3. प्रेम-मार्ग 4. शराब का प्याला

Ghulam Rabbani 'Taaban'

Upnaam : 'Taaban'
Naam : Ghulam Rabbani
Janam : 1917 (Patora, Qayamganj)
Dehaant : 1993 (Delhi)

Aaj kisi ne baaton-baaton mein jab unka naam liya
Dil ne jaise thokar khai, dard ne badh ke thaam liya

Ghar se daaman jhaad ke nikle, vahshat ka samaan na poochh
Yaani garde-raah se hamne rakhte-safar[1] ka kaam liya

Diwaaron ke saaye-saaye umr bitai diwane
Muft mein tan-aasani-e-gham[2] ka apne par ilzaam liya

Raahe-talab[3] mein chalte-chalte thak ke jab hum choor hue
Zulf ki thandi chhaanv mein baithe pal do pal aaraam liya

Honth jalen ya seena sulge, koi taras kab khata hai
Jaam[4] usi ka jisne 'Taaban' jurrat se kuchh kaam liya.

---

1. Yatra ki samagri 2. Gham ka bojh na uthana 3. Prem-marg 4. Sharab ka pyala

'Qateel' Shifai

Alias : 'Qateel' Shifai
Name : Aurangzeb Khan
Birth : 1919 (Haripur, Hazara)
Death : 2001 (Lahore, Pakistan)

From your assembly where would they go, those infatuated with you
And what would the tales associated with you possibly do

If after being thrown out of the Kaba they had not found the tavern
It is not easy to imagine where would the rejected ones turn

Your indifference saved the day for the tavern, may you know
If you had served with your eyes where would the taverns go

Our madness turned out to be our gain
Otherwise how would we go all over the world to explain

O Qateel if I had been free from suffering and sorrow
How could I the difference between friends and others know.

تخلص	:	قتیل شفائی
نام	:	اورنگ زیب خاں
پیدائش	:	1919 (ہری پور، ہزارا)
وفات	:	2001 (لاہور)

تمہاری انجمن سے اٹھے دیوانے کہاں جاتے
جو وابستہ ہوئے تم سے وہ افسانے کہاں جاتے

نکل کر دیر و کعبہ سے اگر ملتا نہ مے خانہ
تو ٹھکرائے ہوئے انساں خدا جانے کہاں جاتے

تمہاری بے رخی نے لاج رکھ لی بادہ خانے کی
تم آنکھوں سے پلا دیتے تو پیمانے کہاں جاتے

چلو اچھا ہوا کام آ گئی دیوانگی اپنی
وگرنہ ہم زمانے بھر کو سمجھانے کہاں جاتے

قتیل اپنا مقدر غم سے بے گانہ اگر ہوتا
تو پھر اپنے پرائے ہم سے پہچانے کہاں جاتے

'क़तील' शिफ़ाई

उपनाम : 'क़तील' शिफ़ाई
नाम : औरंगज़ेब खां
जन्म : 1919 (हरीपुर, हज़ारा)
देहान्त : 2001 (लाहौर, पाकिस्तान)

तुम्हारी अंजुमन[1] से उठके दीवाने कहां जाते
जो वाबस्ता[2] हुए तुमसे वो अफ़साने कहां जाते

निकल कर दैर-ओ-का'बा[3] से अगर मिलता न मयख़ाना
तो ठुकराए हुए इन्सां खुदा जाने कहां जाते

तुम्हारी बेरुख़ी ने लाज रख ली बादाख़ाने[4] की
तुम आंखो से पिला देते तो पैमाने कहां जाते

चलो अच्छा हुआ काम आ गई दीवानगी अपनी
वगरना[5] हम ज़माने-भर को समझाने कहां जाते

'क़तील' अपना मुक़द्दर[6] ग़म से बेगाना[7] अगर होता
तो फिर अपने-पराए हमसे पहचाने कहां जाते।

---

1. महफ़िल 2. सम्बद्ध 3. मन्दिर और का'बा (मस्जिद) 4. मधुशाला 5. वर्ना 6. भाग्य
7. अपरिचित

'Qateel' Shifai

Upnaam	:	'Qateel' Shifai
Naam	:	Aurangzeb Khan
Janam	:	1919 (Haripur, Hazara)
Dehaant	:	2001 (Lahore, Pakistan)

Tumhaari anjuman[1] se uthke diwaane kahan jaate
Jo vabasta[2] hue tumse woh afsaane kahan jaate

Nikal kar dair-o-kaa'ba[3] se agar milta na maykhana
To thukraye hue insaan khuda jaane kahan jaate

Tumhaari berukhi ne laaj rakh li badakhaane[4] ki
Tum aankho se pila dete to paimaane kahan jaate

Chalo accha hua kaam aa gayi diwangi apni
Vagarna[5] hum zamaane bhar ko samjhaane kahan jaate

'Qateel' apna muqaddar[6] gham se beghana[7] agar hota
Toh phir apne-paraye hamse pehchaane kahan jaate.

---

1. Mehfil 2. Sambadh 3. Mandir aur kaaba (Masjid) 4. Madhushala 5. Varna
6. Bhagya 7. Aparichit

'Shakeel' Badayuni

Alias : 'Shakeel' Badayuni
Name : Shakeel Ahmed
Birth : 1916 (Badayu)
Death : 1970 (Mumbai)

Let not the sorrow of love the common street hit
Lest, I am afraid, I should be blamed for it

I was drinking with mine eyes, when by my heart, I was cursed
May your hand never reach the wine into which you are immersed

Carry on with your indifference by all means, O you the unfaithful one
But does it mean that you exchange not even a formal salutations?

She agreed to lift the veil but had this condition also laid
Let every eye see, but none to the terrace be raised.

تخلص	:	شکیل بدایونی
نام	:	شکیل احمد
پیدائش	:	1916 (بدایوں)
وفات	:	1970 (بمبئی)

غمِ عاشقی سے کہہ دو رہِ عام تک نہ پہنچے
مجھے خوف ہے یہ تہمت مرے نام تک نہ پہنچے

میں نظر سے پی رہا تھا کہ یہ دل نے بددعا دی
ترا ہاتھ زندگی بھر کبھی جام تک نہ پہنچے

یہ ادائے بے نیازی تجھے بے وفا مبارک
مگر ایسی بے رخی کیا کہ سلام تک نہ پہنچے

جو نقاب رخ اٹھا دی تو یہ قید بھی لگا دی
اٹھے ہر نگاہ لیکن کوئی بام تک نہ پہنچے

'शकील' बदायूनी

उपनाम : 'शकील' बदायूनी
नाम : शकील अहमद
जन्म : 1916 (बदायूं)
देहान्त : 1970 (मुम्बई)

ग़मे-आशिक़ी से कह दो रह-ए-आम[1] तक न पहुंचे
मुझे ख़ौफ़ है ये तोहमत मेरे नाम तक न पहुंचे

मैं नज़र से पी रहा था कि ये दिल ने बद्दुआ दी
तेरा हाथ ज़िन्दगी-भर कभी जाम[2] तक न पहुंचे

ये अदा-ए-बेनियाज़ी[3] तुझे बेवफ़ा मुबारिक
मगर ऐसी बेरुख़ी क्या कि सलाम तक न पहुंचे

जो नक़ाबे-रुख़[4] उठा दी तो ये क़ैद भी लगा दी
उठे हर निगाह लेकिन कोई बाम[5] तक न पहुंचे।

---

1. आम रास्ता (सामान्य ढंग) 2. प्याला 3. उपेक्षा-भाव 4. चेहरे पर पड़ी नक़ाब 5. छत

'Shakeel' Badayuni

Upnaam : 'Shakeel' Badayuni
Naam   : Shakeel Ahmed
Janam   : 1916 (Badayu)
Dehaant : 1970 (Mumbai)

Gham-e-aashiqi se kah do rah-e-aam[1] tak na pahunche
Mujhe khauf hai yeh tohmat mere naam tak na pahunche

Main nazar se pi raha tha ki yeh dil ne baddua di
Tera haath zindagi bhar kabhi jaam[2] tak na pahunche

Yeh adaa-e-beniyazi[3] tujhe bewafa mubarak
Magar aisi berukhi kya ki salaam tak na pahunche

Jo naqab-e-rukh[4] utha di toh yeh qaid bhi laga di
Uthe har nigaah lekin koi baam[5] tak na pahunche.

---

1. Aam rasta (Samanya dhang) 2. Pyala 3. Upeksha-Bhaav 4. Chehre par padi naqab
5. Chhat

'Majrooh' Sultanpuri

Alias : 'Majrooh' Sultanpuri
Name   : Asrar Hasan Khan
Birth : 1919 (Nizamabaad, Azamgarh)
Death : 2002 (Mumbai)

Even the wind changed its course and the destination became easy to reach
And a hundred candles were lit up as we held our hand each to each

She was so abashed at my question that she could not raise her head right,
Even as the curl flew across her face, revealing in full the essence of night

What she couldn't say was expressed in songs and verses of mine,
The lips that I could not kiss, were kissed by the cup of wine

The same threshold, the same forehead,
the same tears and the same sleeve to wipe them on
You too should change, my heart, see how far the world has gone.

Ultimately, my sufferings and my difficulties came to my rescue
The journey being long, the thorns hurting my feet came out too.

تخلص	:	مجروح سلطانپوری
نام	:	اسرار حسن خاں
پیدائش	:	1919 (نظام آباد، اعظم گڑھ)
وفات	:	2002 (ممبئی)

مجھے سہل ہو گئیں منزلیں وہ ہوا کے رخ بھی بدل گئے
تیرا ہاتھ ہاتھ میں آ گیا کہ چراغ راہ میں جل گئے

وہ لجائے میرے سوال پر کہ اٹھا سکے نہ جھکا کے سر
اڑی زلف چہرے پر اس طرح کہ شبوں کے راز مچل گئے

وہی بات جو نہ وہ کہ سکے کہ میرے شعر و نغمہ میں آ گئی
وہی لب نہ میں جنہیں چھو سکا قدحِ شراب میں ڈھل گئے

وہی آستاں ہے وہی جبیں، وہی اشک ہیں، وہی آستیں
دلِ زار تو بھی بدل کہیں کہ جہاں کے طور بدل گئے

مرے کام آ گئیں آخرش یہی کاوشیں یہی گردشیں
بڑھیں اس قدر مری منزلیں کہ قدم کے خار نکل گئے

'मजरूह' सुलतानपुरी

उपनाम : 'मजरूह' सुलतानपुरी
नाम : असरार हसन खां
जन्म : 1919 (निज़ामाबाद, आज़मगढ़)
देहान्त : 2002 (मुम्बई)

मुझे सहल हो गई मंज़िलें वो हवा के रुख़ भी बदल गए
तेरा हाथ हाथ में आ गया कि चिराग़ राह में जल गए

वो लजाए मेरे सवाल पर कि उठा सके न झुका के सर
उड़ी ज़ुल्फ़ चेहरे पर इस तरह कि शबों के राज़[1] मचल गए

वही बात जो न वो कर सके मेरे शे'रो-नग़्मा में ढल गई
वही लब न मैं जिन्हें छू सका क़दहे-शराब[2] में ढल गए

वही आस्तां[3] है वही जबीं, वही अश्क है, वही आस्तीं
दिले-ज़ार[4] तू भी बदल कहीं कि जहां के तौर बदल गए

मेरे काम आ गई आख़िरिश[5] यही काविशें यही गर्दिशें
बढ़ी इस क़दर मेरी मंज़िलें कि क़दम के ख़ार[6] निकल गए।

---
1. रातों का भेद 2. शराब के प्याले में 3. चौखट 4. दुखी दिल 5. आख़िर 6. कांटे

'Majrooh' Sultanpuri

Upnaam : 'Majrooh' Sultanpuri
Naam : Asrar Hasan Khan
Janam : 1919 (Nizamabaad, Azamgarh)
Dehaant : 2002 (Mumbai)

Mujhe sahal ho gayi manzilein woh hawa ke rukh bhi badal gaye
Tera haath haath mein aa gaya ki chirag raah mein jal gaye

Woh lajaye mere sawaal par ki utha sake na jhuka ke sar
Udi zulf chehre par is tarah ki shabon ke raaz[1] machal gaye

Wahi baat jo na wo kar sake mere shaer-o-naghma mein dhal gaye
Wahi lab na main jinhe chhoo saka, qadah-e-sharab[2] mein dhal gaye

Wahi aastan[3] hai, wahi jabin, wahi ashq hai wahi astin
Dil-e-zaar[4] tu bhi badal kahi ki jahan ke taur badal gaye

Mere kaam aa gayin aakhrish[5] yahi-kaavishein, yahi gardishein
Badhi is qadar meri manzilein ki qadam ke khar[6] nikal gaye.

---

1. Raaton ka bhed 2. Sharab ke pyale mein 3. Chaukhat 4. Dukhi dil 5 Aakhir
6. Kante

'Naasir' Kazmi

Alias : 'Naasir' Kazmi
Name : Naasir Raza
Birth : 1925 (Ambala)
Death : 1972 (Lahore, Pakistan)

Never a kind glance from the bud I have had
The cackles of the blooming flowers left me further sad

All lost in somebody's dream I was sleeping
When the caravans of the morning woke me up as they were passing

I was drowned under your overwhelming pain
The stars set and rose for me again and again

The nights I spent parted from you I can never forget
Joys to last me a life-time from those nights I could get

Somebody has come down from the terrace and is calling out for me
Sorrows of the world, hold on for a while, later on I'll see

Again a joyous breeze passed from here
It told me tales of here, there and everywhere.

تخلص	:	ناصر کاظمی
نام	:	ناصر رضا
پیدائش	:	1925 (انبالہ)
وفات	:	1972 (لاہور)

کسی کلی نے بھی دیکھا نہ آنکھ بھر کے مجھے
گزر گئی جرسِ گل اداس کر کے مجھے

میں سو رہا تھا کسی یاد کے شبستاں میں
جگا کے چھوڑ گئے قافلے سحر کے مجھے

میں تیرے درد کی طغیانیوں میں ڈوب گیا
پکارتے رہے تارے ابھر ابھر کے مجھے

ترے فراق کی راتیں کبھی نہ بھولیں گی
مزے ملے انہی راتوں میں عمر بھر کے مجھے

ذرا سی دیر ٹھہرنے دے اے غمِ دنیا
بلا رہا ہے کوئی بام سے اتر کے مجھے

پھر آج آئی تھی ایک موجِ ہوائے طرب
سنا گئی ہے فسانے ادھر ادھر کے مجھے

'नासिर' काज़मी

उपनाम : 'नासिर' काज़मी
नाम : नासिर रज़ा
जन्म : 1925 (अम्बाला)
देहान्त : 1972 (लाहौर, पाकिस्तान)

किसी कली ने भी देखा न आंख भर के मुझे
गुज़र गई जरसे-गुल[1] उदास कर के मुझे

मैं सो रहा था किसी याद के शबिस्तां[2] में
जगा के छोड़ गए क़ाफ़िले सहर के मुझे

मैं तेरे दर्द की तुग़ियानियों[3] में डूब गया
पुकारते रहे तारे उभर-उभर के मुझे

तेरे फ़िराक़ की रातें कभी न भूलेंगी
मज़े मिले उन्हीं रातों में उम्र भर के मुझे

ज़रा-सी देर ठहरने दे ऐ ग़मे-दुनिया
बुला रहा है कोई बाम[4] से उतर के मुझे

फिर आज आई थी इक मौजे-हवा-ए-तरब[5]
सुना गई है फ़साने इधर-उधर के मुझे।

---

1. फूलों के क़ाफ़िले की घंटी, या फूलों के खिलने की आवाज़ 2. शयनकक्ष 3. बाढ़ों 4. कोठे
5. विलासिता की हवा की लहर

'Naasir' Kazmi

Upnaam : 'Naasir' Kazmi
Naam : Naasir Raza
Janam : 1925 (Ambala)
Dehaant : 1972 (Lahore, Pakistan)

Kisi kali ne bhi dekha na aankh bhar ke mujhe
Guzar gai jarse-gul[1] udaas karke mujhe

Main so raha tha kisi yaad ke shabistan[2] mein
Jaga ke chhod gaye qafile sahar ke mujhe

Main tere dard ki tugiyaniyon[3] mein doob gaya
Pukarte rahe taare ubhar-ubhar ke mujhe

Tere firaq ki raatein khabhi na bhulengi
Maze mile unhi raaton mein umr bhar ke mujhe

Zara si der thahrne de Ae ghame- duniya
Bula raha hai koi baam[4] se utar ke mujhe

Phir aaj aai thi ek mauje-hava-e-tarab[5]
Suna gayi hai fasaane idhar-udhar ke mujhe.

---

1. Phoolon ke qafile ki ghanti, ya phoolon ke khilne ki aawaz 2. Shayan kaksh
3. Badhon 4. Kothe 5. Vilasita ki hawa ki lehar

'Ibne-Insha'

Alias	:	'Ibne-Insha'
Name	:	Sher Mohammad Khan
Birth	:	1925 (Jalandhar)
Death	:	1978 (London)

Those struck with the pain of separation may be helpless otherwise,
They can block the stars' path and make it difficult for the sun to rise

These traders, when selling their ware, go by the customer's face
They can give away their most precious thing for a coin base

On their own, these lovers will not be saying anything
All you can do is to enquire after their well-being

All my life, I searched for the gipsy of whom I speak to you
Otherwise there was in our town no dearth of beauties too

A minor matter it was which our friends have blown upto
    the bazaar and the street
For which, we the nameless ones must our well-wishers greet

The pain would make me cry but the heart says, have some
    self-respect and keep quiet
To be respectable is to complain not and suffer every wrong and right

For their sake, O Insha, we left our home and our beloved ones there
May we now spend the rest of our life among these strangers here.

تخلص	: ابنِ انشاء
نام	: شیر محمد خاں
پیدائش	: 1925 (جالندھر)
وفات	: 1978 (لندن)

اور تو کوئی بس نہ چلے گا ہجر کے درد کے ماروں کا
صبح کا ہونا دوبھر کر دیں، رستہ روک ستاروں کا

جھوٹے سکّوں میں بھی اٹھا دیتے ہیں اکثر سچا مال
شکلیں دیکھ کے سودا کرنا کام ہے ان بنجاروں کا

اپنی زباں سے کچھ نہ کہیں گے چپ ہی رہیں گے عاشق لوگ
تم سے تو اتنا ہو سکتا ہے، پوچھو حال بچاروں کا

جس چپسی کا ذکر ہے تم سے، دل کو اسی کی کھوج رہی
یوں تو ہمارے شہر میں اکثر میلہ لگا ہے نگاروں کا

ایک ذرا سی بات تھی جس کا جھکا چرچا پہنچا گلی گلی
ہم گنہگاروں نے پھر بھی احسان نہ مانا یاروں کا

درد کا کہنا چیخ اٹھو، دل کا تقاضا وضع نبھاؤ
سب کچھ سہنا، چپ چپ رہنا کام ہے عزت داروں کا

'انشاؔء اب انہی اجنبیوں میں چین سے باقی عمر کٹے
جنگی خاطر بستی چھوڑی نام نہ لے ان پیاروں کا

'इब्ने-इन्शा'

उपनाम : 'इब्ने-इन्शा'
नाम : शेर मोहम्मद ख़ां
जन्म : 1925 (जालन्धर)
देहान्त : 1978 (लंदन)

और तो कोई बस न चलेगा हिज्र के[1] दर्द के मारों का
सुबह का होना दूभर कर दें, रस्ता रोक सितारों का

झूठे सिक्कों में भी उठा देते हैं अकसर सच्चा माल
शक्लें देख के सौदा करना काम है इन बंजारों का

अपनी ज़बां से कुछ न कहेंगे चुप ही रहेंगे आशिक़ लोग
तुमसे तो इतना हो सकता है, पूछो हाल बिचारों का

जिस जिप्सी का ज़िक्र है तुम से, दिल को उसी की खोज रही
यूं तो हमारे शहर में अकसर मेला लगा है निगारों का[2]

एक ज़रा-सी बात थी जिसका चर्चा पहुंचा गली-गली
हम गुमनामों ने फिर भी अहसान न माना यारों का

दर्द का कहना चीख़ उठो, दिल का तक़ाज़ा वज़्अ[3] निभाओ
सब कुछ सहना, चुप-चुप रहना काम है इज़्ज़तदारों का

'इन्शा' अब इन्हीं अजनबियों में चैन से बाक़ी उम्र कटे
जिनकी ख़ातिर बस्ती छोड़ी नाम न ले उन प्यारों का।

---

1. जुदाई के   2. सुन्दरियों का   3. यहां यह शब्द स्वाभिमान के अर्थों में आया है

'Ibne-Insha'

Upnaam : 'Ibne-Insha'
Naam   : Sher Mohammad Khan
Janam   : 1925 (Jalandhar)
Dehaant : 1978 (London)

Aur to koi bas na chalega hijr ke[1] dard ke maaron ka
Subhah ka hona doobhar kar dein, rasta rok sitaron ka

Jhoothe sikkon mein bhi utha detein hain aksar sachha maal
Shaklein dekh ke sauda karna kaam hai in banjaaron ka

Apni zabaan se kuch na kahenge chup hi rahenge aashiq log
Tumse to itna ho sakta hai, puchho haal bichaaron ka

Jis gypsy ka zikr hai tumse, dil ko usi ki khoj rahi
Yun to hamare shahar mein aksar mela laga hai nigaaron ka[2]

Ek zara si baat thi jiska charcha pahuncha gali-gali
Hum gumnaamon ne phir bhi ahsaan na maana yaron ka

Dard ka kehna cheekh uttho, dil ka taquaza waza[3] nibhao
Sab kuchh sehana, chup-chup rehna kaam hai izzatdaaron ka

'Insha' ab inhin ajnabiyon mein chain se baaki umr kate
Jinki khatir basti chhodi naam na le un pyaaron ka.

---

1. Judai ke 2. Sundriyon ka 3. Yahan yeh shabd svabhimaan ke arthon mein aaya hai

'Hafeez' Jallandhari

Alias : 'Hafeez' Jallandhari
Name : Mohammad Hafeez
Birth : 1900 (Jalandhar)
Death : 1982 (Lahore, Pakistan)

There was nothing special in me, so you never cared to remember
You forgot me clean, but I could never forget you ever

If you too can't hear my tale of woe, who shall?
Who else will dare open his mouth, if I too can't tell

I had understood it all, I was with passion seething
But could not raise my eyes in view of the mood of the gathering

I am fired by a desire to meet, I am eager to know my fate
Who has the courage here to see me in the eyes straight!

There are many here who have a way with words, but few a feeling heart,
And who can sing like you, Hafeez who else has the art!

تخلص	: حفیظ جالندھری
نام	: محمد حفیظ
پیدائش	: 1900 (جالندھر)
وفات	: 1982 (لاہور)

ہم میں ہی تھی نہ کوئی بات، یاد نہ تم کو آسکے
تم نے ہمیں بھلا دیا، ہم نہ تمہیں بھلا سکے

تم ہی نہ سن سکو اگر، قصۂ غم سنے گا کون
کس کی زباں کھلے گی پھر، ہم نہ اگر سنا سکے

ہوش میں آ چکے تھے ہم، جوش میں آ چکے تھے ہم
بزم کا رنگ دیکھ کر سر نہ مگر اٹھا سکے

شوقِ وصال ہے یہاں، لب پہ سوال ہے یہاں
کس کی مجال ہے یہاں، ہم سے نظر ملا سکے

اہلِ زباں تو ہیں بہت، کوئی نہیں ہے اہلِ دل
کون تری طرح حفیظؔ درد کے گیت گا سکے

'हफ़ीज़' जालंधरी

उपनाम : 'हफ़ीज़' जालन्धरी
नाम : मोहम्मद हफ़ीज़
जन्म : 1900 (जालन्धर)
देहान्त : 1982 (लाहौर, पाकिस्तान)

हम में ही थी न कोई बात, याद न तुमको आ सके
तुमने हमें भुला दिया, हम न तुम्हें भुला सके

तुम ही न सुन सको अगर, क़िस्सा-ए-ग़म[1] सुनेगा कौन
किसकी ज़बां खुलेगी फिर, हम न अगर सुना सके

होश में आ चुके थे हम, जोश में आ चुके थे हम
बज़्म[2] का रंग देखकर सर न मगर उठा सके

शौक़े-विसाल[3] है यहां, लब पे सवाल है यहां
किसकी मजाल है यहां, हमसे नज़र मिला सके

अहले-ज़बां[4] तो हैं बहुत, कोई नहीं है अहले-दिल
कौन तेरी तरह 'हफ़ीज़' दर्द के गीत गा सके!

---

1. ग़म की कहानियां 2. महफ़िल 3. माशूक़ से मिलने का शौक़ 4. भाषा के विशेषज्ञ

'Hafeez' Jallandhari

Upnaam : 'Hafeez' Jallandhari
Naam : Mohammad Hafeez
Janam : 1900 (Jalandhar)
Dehaant : 1982 (Lahore, Pakistan)

Hum mein hi thi na koi baat, yaad na tumko aa sake
Tumne humein bhula diya, hum na tumhe bhula sake

Tum hi na sun sako agar, qissa-e-gham[1] sunega kaun
Kiski zaban khulegi phir, hum na agar suna sake

Hosh mein aa chuke the hum, josh mein aa chuke thay hum
Bazm[2] ka rang dekhkar sir na magar utha sake

Shauqe-wisaal[3] hai yahan, lab pe sawaal hai yahan
Kiski majaal hai yahan, humse nazar mila sake

Ahle-zaban[4] to hain bahut, koi nahin hai ahle dil
Kaun teri tarah 'Hafeez' dard ke geet ga sake!

---

1. Gham ki kahaniyan 2. Mahfil 3. Mashuk se milne ki shauq 4. Bhasha ke visheshagya

Asrarul Haq Majaz

Alias : Majaz Lucknawi
Name : Asrarul Haq Majaz
Birth : 1911 (Rudauli, Bara Banki)
Death : 1955 (Lucknow)

The whole world is intently listening
Who is it today, holding my heart's string!

Show a little daring, O my heart's passion
So very proud of her veil is the beautiful one

Ask me not the condition of my heart, honey
It's a musical instrument drowned in agony

By your intoxicating eye, I swear
That my drinking is still a secret affair

She touched my life-string and hid away somewhere
Her voice only, now I hear

Unnecessarily I troubled the beautiful one –
O my passion, it is not done

On hearing which the whole mehfil O Majaz into raptures went
It was the voice of a broken instrument.

تخلص	:	مجازؔ
نام	:	اسرارالحق مجاز
پیدائش	:	1911 (رودولی، بارہ بنکی)
وفات	:	1955 (لکھنؤ)

سارا عالم گوش بر آواز ہے
آج کن ہاتھوں میں دل کا ساز ہے

ہاں ذرا جرأت دکھا اے جذبۂ دل
حسن کو پردے پہ اپنے ناز ہے

ہم نشیں دل کی حقیقت کیا کہوں
سوز میں ڈوبا ہوا اک ساز ہے

آپ کی مخمور آنکھوں کی قسم
میری مے خواری ابھی تک راز ہے

چھپ گئے وہ سازِ ہستی چھیڑ کر
اب تو بس آواز ہی آواز ہے

حسن کو ناحق پشیماں کر دیا
اے جنوں یہ بھی کوئی انداز ہے

ساری محفل جس پہ جھوم اٹھی مجازؔ
وہ تو آوازِ شکستِ ساز ہے

असरारुल हक़ मजाज़

उपनाम : मजाज़ लखनवी
नाम : असरूल हक़ मजाज़
जन्म : 1911 (रूदाउली, बाराबांकी)
देहान्त : 1955 (लखनऊ)

सारा आलम गोश-बर-आवाज़ है[1]
आज किन हाथों में दिल का साज़ है

हां ज़रा जुर्रत दिखा ऐ जज़्बा-ए-दिल
हुस्न को पर्दे पे अपने नाज़ है

हमनशीं दिल की हक़ीक़त क्या कहूं
सोज़ में डूबा हुआ इक साज़ है

आपकी मख़्मूर आंखों की क़सम
मेरी मयख़्वारी अभी तक राज़ है

छुप गए वो साज़े-हस्ती[2] छेड़ कर
अब तो बस आवाज़ ही आवाज़ है

हुस्न को नाहक़[3] पशेमां[4] कर दिया
ऐ जूनूं ये भी कोई अंदाज़ है

सारी महफ़िल जिसपे झूम उठी 'मजाज़'
वो तो आवाज़े-शिकस्ते साज़[5] है।

---

1. पूरा संसार आवाज़ पर कान लगाए है 2. जीवन का संगीत 3. बेवजह 4. पश्चाताप
5. टूटा हुआ साज़

Asrarul Haq Majaz

Upnaam : Majaz Lucknawi
Naam   : Asrarul Haq Majaz
Janam   : 1911 (Rudauli, Bara Banki)
Dehaant : 1955 (Lucknow)

Sara aalam gosh-bar-awaaz hai[1]
Aaj kin haathon mein dil ka saaz hai

Haan zara jurrat dikha ei jazba-e-dil
Husn ko parde pe apne naaz hai

Hamnashin dil ki haqiqat kya kahun
Soz mein dooba hua ek saaz hai

Aapki makhmoor aankhon ki qasam
Meri maykhwari abhi tak raaz hai

Chhup gaye woh saaze-hasti[2] chhed kar
Ab to bas awaaz hi awaaz hai

Husn ko nahaq[3] pasheman[4] kar diya
Ae junoon ye bhi koi andaaz hai

Saari mehfil jispe jhoom utthi 'Majaz'
Woh to awaaze-shikaste saaz[5] hai.

---

1. Poora sansar awaaz par kaan lagaye hai 2. Jeevan ka sangeet 3. Bewajah 4. Pashchataap 5. Toota hua saaz

Jan Nissar Akhtar

Alias : Aktar
Name   : Jan Nissar Akhtar
Birth : 1914 (Gwalior)
Death : 1976 (Mumbai)

Some sorrow or the other is hidden in every heart
It seems that this life is a curse for the most part

I might fall asleep at night, but so what
Somebody seems to be peeping in my eyes, even when shut

Whenever I am lost in his thought
Even if he himself speaks, I like it not

What sighs are you hiding in your heart say you, pray
I find your complexion a little swarthy today

What if a step or two closer I get
The distance seems to be the same as yet.

اختر	:	تخلص
جاں نثار	:	نام
1914 (گوالیار، مدھیہ پردیش)	:	پیدائش
1976 (ممبئی)	:	وفات

ہر ایک روح میں اک غم چھپا لگے ہے مجھے
یہ زندگی تو کوئی بددعا لگے ہے مجھے

میں سو بھی جاؤں تو کیا، میری بند آنکھوں میں
تمام رات کوئی جھانکتا لگے ہے مجھے

میں جب بھی اس کے خیالوں میں کھو سا جاتا ہوں
وہ خود بھی بات کرے تو بُرا لگے ہے مجھے

دبا کے آئی ہے سینے میں کون سی آہیں
کچھ آج رنگ تیرا سانولا لگے ہے مجھے

اب ایک آدھ قدم کا حساب کیا رکھئے
ابھی تک تو وہی فاصلہ لگے ہے مجھے

जां निसार अख़्तर

उपनाम : अख़्तर
नाम : जां निसार अख़्तर
जन्म : 1914 (ग्वालियर)
देहान्त : 1976 (मुम्बई)

हर एक रूह में इक ग़म छिपा लगे है मुझे
ये ज़िन्दगी तो कोई बददुआ लगे है मुझे

मैं सो भी जाऊं तो क्या, मेरी बन्द आंखों में
तमाम रात कोई झांकता लगे है मुझे

मैं जब भी उसके ख़्यालों में खो-सा जाता हूं
वो ख़ुद भी बात करे तो बुरा लगे है मुझे

दबाके आई है सीने में कौन-सी आहें
कुछ आज रंग तेरा सांवला लगे है मुझे

अब एकआध क़दम का हिसाब क्या रखिए
अभी तक तो वही फ़ासला लगे है मुझे।

Jan Nissar Akhtar

Upnaam : Aktar
Name : Jan Nissar Akhtar
Janam : 1914 (Gwalior)
Dehaant : 1976 (Mumbai)

Har ek rooh mein ek gham chipa lage hai mujhe
Ye zindagi to koi baddua lage hai mujhe

Main so bhi jaun to kya, Meri band aankhon mein
Tamaam raat koi jhankta lage hai mujhe

Main jab bhi uske khayalon mein kho-sa jaata hun
Woh khud bhi baat kare to bura lage hai mujhe

Daba ke aai hain seene mein kaun si aahein
Kuch aaj rang tera saanwala lage hai mujhe

Ab ekaadh qadam ka hisaab kya rakhiye
Abhi tak to wahi fasla lage hai mujhe.

Sahir Ludhianvi

Alias : Sahir Ludhianvi
Name   : Abdul Hayee
Birth : 1921 (Ludhiana)
Death : 1980 (Mumbai)

Whenever I find her attention wandering
I retell the story of our love from the beginning

Once you have sold out your love why should you mind
If in the goblet and the bottle some solace I find

What beauties have been reduced to dust by the sorrows of time
What shapes and forms have lost their lustre and prime!

God save us, some normalcy in my heartbeat I see,
Am I going blind or are you losing your charm and beauty?

Gone are my complaints against her, gone my suffering and my
   fancy high
These things too, O heart, are things of times gone by.

تخلص	:	ساحرلدھیانوی
نام	:	عبدالحی
پیدائش	:	1921 (لدھیانہ)
وفات	:	1980 (ممبئی)

جب کبھی ان کی توجہ میں کمی پائی گئی
ازسرِ نو داستانِ شوق دوہرائی گئی

بک گئے جب تیرے لب پھر تجھ کو کیا شکوہ اگر
زندگانی بادہ و ساغر سے بہلائی گئی

کیسے کیسے چشم و عارض گردِ غم سے بجھ گئے
کیسے کیسے پیکروں کی شانِ زیبائی گئی

دل کی دھڑکن میں توازن آچلا ہے خیر ہو
میری نظریں بجھ گئیں یا تیری رعنائی گئی

ان کا غم ان کا تصور ان کے شکوے اب کہاں
اب تو یہ باتیں بھی اے دل ہوگئی آئی گئی

साहिर लुधियानवी

उपनाम : साहिर लुधियानवी
नाम : अब्दुल हेयी
जन्म : 1921 (लुधियाना)
देहान्त : 1980 (मुम्बई)

जब कभी उनकी तवज्जोह में कमी पाई गई
अज़-सरे-नौ दास्ताने-शौक़[1] दुहराई गई

बिक गए जब तेरे लब, फिर तुझको क्या शिकवा अगर
ज़िन्दगानी बादा-ओ-साग़र से बहलाई गई

कैसे-कैसे चश्मो-आरिज़[2] गर्दे-ग़म से बुझ गए
कैसे-कैसे पैकरों की[3] शाने-ज़ेबाई[4] गई

दिल की धड़कन में तवाजुन[5] आ चला है, खैर हो
मेरी नज़रें बुझ गईं या तेरी रानाई[6] गई

उनका ग़म, उनका तस्व्वुर[7] उनके शिकवे अब कहां?
अब तो ये बातें भी ऐ दिल! हो गईं आईं-गईं।

---

1. प्रेम-कथा 2. आंखें और कपोल 3. शरीरों की 4. सज्जा 5. संतुलन 6. लावण्यता
7. कल्पना

Sahir Ludhianvi

Upnaam : Sahir Ludhianvi
Name : Abdul Hayee
Janam : 1921 (Ludhiana)
Dehaant : 1980 (Mumbai)

Jab kabhi unki tavajjoh mein kami pai gayi
Aj-sare-nau dastaane-shauq[1] dohrai gayi

Bik gaye jab tere lab, phir tujhko kya shikwa agar
Zindagaani baada-o-saagar se behlai gayi

Kaise-kaise chashmo-aariz[2] garde-gham se bujh gaye
Kaise-kaise paikaron ki[3] shaane-zebai[4] gayi

Dil ki dhadkan mein tawazun[5] aa chala hai, khair ho
Meri nazrein bujh gayin ya teri raanai[6] gayi

Unka gham, unka tasavvur[7], unke shikwe ab kahan?
Ab to ye baatein bhi ai dil ! ho gayi aai-gayi.

---

1. Prem-katha 2. Aankhein aur kapol 3. Shariron ki 4. Sajja 5. Santulan
6. Lavanyata 7. Kalpana

Kaifi Azmi

Alias : Kaifi Azmi
Name   : Akhtar Hussain Rizvi
Birth : 1919 (Majwan, Azamgarh)
Death : 2002

Remove bramble and dry grass, let the road be cleared
At least the caravan should move, even if I am tired

Let the sun and the moon and the footprints of
the ancestors into oblivion go
But the wind must blow

Call it your religion or politics, what you decide
You have taught us the way to commit suicide

You have enhanced though the prestige of the temple of brick
   and clay
How shall I be able to carry so many corpses away

Bring some shovels, dig up the earth below
And where I am buried, let me know.

تخلص	:	کیفی اعظمی
نام	:	اختر حسین رضوی
پیدائش	:	1919 (اعظم گڑھ، اتر پردیش)
وفات	:	2002

خار و خس تو اٹھے راستہ تو چلے
میں اگر تھک گیا قافلہ تو چلے

چاند سورج بزرگوں کے نقشِ قدم
خیر بجھنے دو ان کو ہوا تو چلے

اس کو مذہب کہو کہ سیاست کہو
خودکشی کا ہنر تم سکھا تو چلے

اتنی لاشیں ہیں کیسے اٹھا پاؤں گا
آپ اینٹوں کی حرمت بچا تو چلے

بیلچے لاؤ کھولو زمیں کی تہیں
میں کہاں دفن ہوں کچھ پتا تو چلے

कैफ़ी आज़मी

उपनाम : कैफ़ी आज़मी
नाम : अख़्तर हुसैन रिज़वी
जन्म : 1919 (मज़वान, आज़मगढ़)
देहान्त : 2002

खारो-ख़स तो उठे, रास्ता तो चले
मैं अगर थक गया, क़ाफ़ला तो चले

चांद सूरज, बुजुर्गों के नक़्शे-क़दम
ख़ैर बुझने दो इनको, हवा तो चले

इसको मज़हब कहो कि सियासत कहो
खुदकुशी का हुनर तुम सिखा तो चले

इतनी लाशें हैं, कैसे उठा पाऊंगा
आप ईंटों की हुरमत बचा तो चले

बेलचे लाओ, खोलो ज़मीं की तहें
मैं कहां दफ़न हूं, कुछ पता तो चले।

Kaifi Azmi

Upnaam   : Kaifi Azmi
Name   : Akhtar Hussain Rizvi
Janam   : 1919 (Majwan, Azamgarh)
Dehaant : 2002

Kharo-khas to uthe, rasta to chale
Main agar thak gaya, qafla to chale

Chaand suraj, buzurgon ke naqshe-kadam
Khair bujhne do inko, hawa to chale

Isko mazhab kaho ki siyasat kaho
Khudkushi ka hunar tum sikha to chale

Itni laashein hain, kaise utha paunga
Aap eeton ki hurmat bacha to chale

Belche laao, kholo zamin ki tahein
Main kahan dafan hun, kuch pata to chale.

'Nushoor' Wahidi

Alias	:	'Nushoor'
Name	:	'Nushoor' Wahidi
Birth	:	1912 (Baliya)
Death	:	1983

How can I label her unfaithful just yet
And about the destination, on the way, how can I bet

Put a veil on her beauty
You may call her your beloved then, I will call her a deity

With her tresses lovely, dark and long
Why call her the night, why not the night's prayer song

I am an interpreter of secrets, this is also for me to do
That I should interpret for you her silence too

The rivals kept enquiring why I was in so sad a state
It is tale of friends, how can I to a foe relate

Love, O Nushoor is a wonderful test
Whatever the condition of my heart, I will call her the best.

تخلص	:	نشور واحدی
نام	:	نشور واحدی
پیدائش	:	1912 (بلیا)
وفات	:	1983

میں ابھی سے کس طرح ان کو بے وفا کہوں
منزلوں کی بات ہے راستے میں کیا کہوں

حسنِ بے حجاب پر کوئی پردہ ڈال لو
تم اسے صنم کہو میں اسے خدا کہوں

گیسو سیاہ کی یہ حسیں درازیاں
رات کیوں کہوں انہیں رات کی دعا کہوں

ترجمانِ راز ہوں یہ بھی کام ہے میرا
اس لبِ خموش نے مجھ سے جو کہا کہوں

غیر میرا حالِ غم پوچھتے رہے مگر
دوستوں کی بات ہے دشمنوں سے کیا کہوں

امتحانِ شوق ہے ایسی عاشقی نشور
دل کا کوئی حال ہو ان کو دل ربا کہوں

'नुशूर' वाहिदी

उपनाम : 'नुशूर'
नाम : 'नुशूर' वाहिदी
जन्म : 1912 (बलिया)
देहान्त : 1983

मैं अभी से किस तरह उनको बेवफ़ा कहूं
मंज़िलों की बात है, रास्ते में क्या कहूं

हुस्न-ए-बेहिजाब पर कोई पर्दा डाल लो
तुम उसे सनम कहो, मैं उसे खुदा कहूं

गेसु-ए-सियाह[1] की ये हसीं दराज़ियां
रात क्यूं कहूं उन्हें, रात की दुआ कहूं

तर्जुमान-ए-राज़[2] हूं, यह भी काम है मेरा
उस लब-ए-ख़मोश ने मुझसे जो कहा, कहूं

गैर मेरा हाल-ए-ग़म पूछते रहे मगर
दोस्तों की बात है, दुश्मनों से क्या कहूं

इम्तिहान-ए-शौक़ है ऐसी आशिक़ी 'नुशूर'
दिल का कोई हाल हो, उनको दिलरूबा कहूं

---

1. काले बाल 2. रहस्य बताने वाला

'Nushoor' Wahidi

Upnaam : 'Nushoor'
Naam : 'Nushoor' Wahidi
Janam : 1912 (Baliya)
Dehaant : 1983

Main abhi se kis tarah unko bewafa kahun
Manzilon ki baat hai, raaste mein kya kahun

Husn-e-behijaab par koi parda daal lo
Tum use sanam kaho, main use khuda kahun

Gesu-e-siyaah[1] ki yeh haseen daraziyan
Raat kyun kahun unhein, raat ki dua kahun

Tarjumaan-e-raaz[2] hun , yeh bhi kaam hai mera
Us lab-e-khmosh ne mujhse jo kaha, kahun

Gair mera haal-e-gham puchhte rahe magar
Doston ki baat hai, dushmano se kya kahun

Imtihaan-e-shauq hai aisi aashiqi 'Nushoor'
Dil ka koi haal ho, unko dilruba kahun.

---

1. Kale Bal 2. Rahasey batane wala

Ahmed Faraz

Alias : Ahmed Faraz
Name : Syed Ahmed Shah
Birth : 1934 (Nowshera, Pakistan)
Death : 2008 (Islamabad, Pakistan)

Like withered flowers in the books, it seems
If separated now, we might meet only in dreams

Neither is my love like that of an angel,
nor do you partake of divinity
We are both humans, so why meet secretly?

Let the sorrows of the world and sorrows of love combine
A cocktail is certainly more intoxicating than a single wine

Look for the pearls of fidelity only in the people run aground
Only in the ruins can these treasures be found

Who knows tomorrow they may be found in the world's syllabi –
The things for which today we are condemned to die.

تخلص	:	احمد فراز
نام	:	سید احمد شاہ
پیدائش	:	1934 (نوشہرا، پاکستان)
وفات	:	2008 (اسلام آباد)

اب کے ہم بچھڑے تو شاید کبھی خوابوں میں ملیں
جس طرح سوکھے ہوئے پھول کتابوں میں ملیں

تو خدا ہے نہ میرا عشق فرشتوں جیسا
دونوں انساں ہیں تو کیوں اتنے حجابوں میں ملیں

غمِ دنیا بھی غمِ یار میں شامل کرلو
نشہ بڑھتا ہے شرابیں جو شرابوں میں ملیں

ڈھونڈ اجڑے ہوئے لوگوں میں وفا کے موتی
یہ خزانے تجھے ممکن ہے خرابوں میں ملیں

آج ہم دار پہ کھینچے گئے جن باتوں پر
کیا عجب کل وہ زمانے کو نصابوں میں ملیں

अहमद फ़राज़

उपनाम : अहमद फ़राज़
नाम : सैयद अहमद शाह
जन्म : 1934 (नौशेरा, पाकिस्तान)
देहान्त : 2008 (इस्लामाबाद, पाकिस्तान)

अब के हम बिछड़े तो शायद कभी ख़्वाबों में मिलें
जिस तरह सूखे हुए फूल किताबों में मिलें

तू खुदा है, न मेरा इश्क़ फ़रिश्तों जैसा
दोनों इंसां हैं तो क्यूं इतने हिजाबों[1] में मिलें

ग़म-ए-दुनिया भी ग़म-ए-यार में शामिल कर लो
नश्शा बढ़ता है शराबें जो शराबों में मिलें

ढूंढ उजड़े हुए लोगों में वफ़ा के मोती
ये ख़ज़ाने तुझे मुमकिन है ख़राबों[2] में मिलें

आज हम दार पे खेंचे गए जिन बातों पर
क्या अजब कल वो ज़माने को निसाबों[3] में मिलें।

---

1. पर्दों 2. खंडहर 3. पाठ्यक्रम

Ahmed Faraz

Upnaam : Ahmed Faraz
Name : Syed Ahmed Shah
Janam : 1934 (Nowshera, Pakistan)
Dehaant : 2008 (Islamabad, Pakistan)

Ab ke hum bichhade to shayad kabhi khwabon mein milein
Jis tarah sookhe hue phool kitabon mein milein

Tu khuda hai, na mera ishq farishton jaisa
Dono insaan hain to kyun itne hijabon[1] mein milein

Gham-e-duniya bhi gham-e-yaar mein shaamil kar lo
Nasha badhta hai sharabein jo sharabon mein milein

Dhoondh ujde hue logon mein wafa ke moti
Yeh khazane tujhe mumkin hai kharabon[2] mein milein

Aaj hum daar pe khenche gaye jin baaton par
Kya ajab kal woh zamaane ko nisaabon[3] me milein.

---

1. Pardon 2. Khandahar 3. Pathyakram

Parveen Shakir

Name : Parveen Shakir
Birth : 1952 (Karachi, Pakistan)
Death : 1994 (Islamabad, Pakistan)

As it rained, the flowers had holes in their bodies made
Drenched by the weather, they made a tougher grade

How would the cloud know that waiting for rain
So many tall and mighty trees have been on the ground lain

They insist on testing the firefly in daylight
Present-day children have really become bright

The grass is dancing after the snow-cover is gone
Even the straws have become bold, being by the sun egged on

Whenever a conversation with those, away from home, it had
The evening breeze became moist and sad

All those who would out of fear, the waters shun
Have become swimmers after the river has changed direction.

تخلص	:	پروین شاکر
نام	:	پروین شاکر
پیدائش	:	1952 (کراچی)
وفات	:	1994 (اسلام آباد)

بارش ہوئی تو پھولوں کے تنِ چاک ہوگئے
موسم کے ہاتھ بھیگ کے سفاک ہوگئے

بادل کو کیا خبر ہے کہ بارش کی چاہ میں
کتنے بلند و بالا شجر خاک ہوگئے

جگنو کو دن کے وقت پرکھنے کی ضد کریں
بچے ہمارے عہد کے چالاک ہوگئے

لہرا رہی ہے برف کی چادر ہٹاکے گھاس
سورج کی شہ پہ تنکے بھی بے باک ہوگئے

جب بھی غریبِ شہر سے کچھ گفتگو ہوئی
لہجے ہوائے شام کے نم ناک ہوگئے

بستی میں جتنے آب گزیدا تھے سب کے سب
دریا کے رخ بدلتے ہی تیراک ہوگئے

परवीन शाकिर

नाम : परवीन शाकिर
जन्म : 1952 (कराची, पाकिस्तान)
देहान्त : 1994 (इस्लामाबाद, पाकिस्तान)

बारिश हुई तो फूलों के तन चाक[1] हो गए
मौसम के हाथ भीग के सफ़्फ़ाक[2] हो गए

बादल को क्या ख़बर है कि बारिश की चाह में
कितने बुलंद-ओ-बाला शजर[3] ख़ाक हो गए

जुगनू को दिन के वक़्त परखने की ज़िद करें
बच्चे हमारे अहद[4] के चालाक हो गए

लहरा रही है बर्फ़ की चादर हटा के घास
सूरज की शह पे तिनके भी बेबाक हो गए

जब भी ग़रीबे-शहर से कुछ गुफ़्तगू हुई
लहजे हवाए-शाम के नमनाक हो गए

बस्ती में जितने आब-गज़ीदा[5] थे सब-के-सब
दरिया के रुख़ बदलते ही तैराक हो गए।

---
1. फटना 2. निष्ठुर 3. ऊंचे-नीचे पेड़ 4. काल 5. पानी से भयभीत

Parveen Shakir

Name   : Parveen Shakir
Janam   : 1952 (Karachi, Pakistan)
Dehaant : 1994 (Islamabad, Pakistan)

Baarish hui to phoolon ke tan chak[1] ho gaye
Mausam ke haath bheeg ke saffaak[2] ho gaye

Baadal ko kya khabar hai ki baarish ki chah mein
Kitne buland-o-baala shajar[3] khaak ho gaye

Jugnu ko din ke waqt parakhane ki zid karein
Bachche hamare ahad[4] ke chalaak ho gaye

Lahra rahi hai barf ki chaadar hata ke ghaas
Suraj ki sheh pe tinke bhi bebaak ho gaye

Jab bhi ghareeb-e-shahar se kuch guftagu hui
Lahje hawae-sham ke namnaak ho gaye

Basti mein jitney aab-gazeeda[5] the sab-ke-sab
Dariya ke rukh badalte hi tairak ho gaye.

---

1. Phatna 2. Nishthur 3. Unche-neeche paed 4. Kaal 5. Pani se bhayabheet

Shahryar

Alias : Shahryar
Name : Akhlaq Mohammad Khan
Birth : 1936 (Anwalla, Bareilly)

Has nothing whatever happened in your city?
Have you not heard the shrieks, really?

Why is everybody stranded here
Is there no way out whatever!

Everybody is giving a bloody face to the sun
Why, is nobody afraid of the night here, none?

For long now I have been angry that the commander of the town
Just doesn't know what is happening around.

They who lay the city waste, let them do their worst
Does a ruined town never again into life burst!

تخلص : شہریار
نام : اخلاق محمد خاں
پیدائش : 1936 (آنولا، بریلی)

تمہارے شہر میں کچھ بھی ہوا نہیں ہے کیا
کہ تم نے چیخوں کو سچ مچ سنا نہیں ہے کیا

تمام خلقِ خدا اس جگہ رُکی کیوں ہے
یہاں سے آگے کوئی راستہ نہیں ہے کیا

لہولہان سبھی کر رہے ہیں سورج کو
کسی کو خوف یہاں رات کا نہیں ہے کیا

میں اِک زمانے سے حیران ہوں کہ حاکمِ شہر
جو ہو رہا ہے اسے دیکھتا نہیں ہے کیا

اجاڑتے ہیں جو ناداں اسے اجڑنے دو
کہ اجڑا شہر دوبارہ بسا نہیں ہے کیا

शहरयार

उपनाम : शहरयार
नाम : अख़लाक़ मोहम्मद ख़ान
जन्म : 1936 (अनवाला, बरेली)

तुम्हारे शहर में कुछ भी हुआ नहीं है क्या
कि तुमने चीखों को सचमुच सुना नहीं है क्या

तमाम ख़ल्क़े खुदा इस जगह रुकी क्यूं है
यहां से आगे कोई रास्ता नहीं है क्या

लहूलुहान सभी कर रहे हैं सूरज को
किसी को ख़ौफ़ यहां रात का नहीं है क्या

मैं इक ज़माने से हैरान हूं कि हाकिम-ए-शहर
जो हो रहा है उसे देखता नहीं है क्या

उजाड़ते हैं जो नादां इसे उजड़ने दो
कि उजड़ा शहर दोबारा बसा नहीं है क्या!

Shahryar

Upnaam : Shahryar
Name : Akhlaq Mohammad Khan
Janam : 1936 (Anwalla, Bareilly)

Tumhare shahar mein kuch bhi hua nahin hai kya
Ki tumne cheekhon ko sachmuch suna nahin hai kya

Tamaam khalke khuda is jagah ruki kyun hai
Yahan se aage koi raasta nahin hai kya

Lahuluhaan sabhi kar rahe hain suraj ko
Kisi ko khauf yahan raat ka nahin hai kya

Main ek zamaane se hairaan hun ki haakim-e shahar
Jo ho raha hai use dekhta nahin hai kya

Ujaadte hain jo naadan ise ujadne do
Ki ujda shahar dobaara basaa nahin hai kya!

Naseem Nikhat

Alias : Nikhat
Name : Naseem Nikhat
Birth : 1959 (Barabanki)

For the sake of a wilderness, we sacrificed many an ocean
Switched off our eyes and every scene and sight under the sun

What was the use of sharing our woes with our sympathisers
Walking in the sun was our destiny, so we left behind our headcover

Carrying a candle of hope, their eyes must be searching
Some banjaras in a forest, left a fire burning

Which, after our return from abroad, we assured them,
    they will realize
We have left behind some dreams in their innocent eyes

With sleepy eyes, we are telling our grief to everybody
Why so early we had to leave our bed, under what necessity.

تخلص   :   نکہت
نام   :   نسیم نکہت
پیدائش   :   1959 (بارہ بنکی)

ہم ایک دشت کی خاطر جانے کتنے سمندر چھوڑ آئے
آنکھوں کی بینائی بجھادی، سارے منظر چھوڑ آئے

ہم اپنے حالات بتاکر ہمدردوں سے کیا کرتے
دُھوپ میں چلنا مجبوری تھی، سر کی چادر چھوڑ آئے

ڈھونڈ رہی ہوں گی دو آنکھیں آس کی اِک قندیل لئے
کچھ بنجارے اک جنگل میں آگ جلاکر چھوڑ آئے

ہم پردیس سے لوٹیں گے تو سب تعبیریں لائیں گے
بھولی بھالی آنکھوں میں کچھ خواب سجاکر چھوڑ آئے

نیند بھری آنکھوں سے دِل کا درد سناتے پھرتے ہیں
کیا جانے کس مجبوری میں خواب کا بستر چھوڑ آئے

नसीम निकहत

उपनाम : निकहत
नाम : नसीम निकहत
जन्म : 1959 (बाराबांकी)

हम एक दश्त[1] की ख़ातिर जाने कितने समन्दर छोड़ आए
आंखों की बीनाई[2] बुझा दी सारे मंज़र छोड़ आए

हम अपने हालात बताकर हमदर्दों से क्या करते
धूप में चलना मजबूरी थी सर की चादर छोड़ आए

ढूंढ रही होंगी दो आंखें आस की इक क़ंदील लिए
कुछ बंजारे इक जंगल में आग जलाकर छोड़ आए

हम परदेस से लौटेंगे तो सब ताबीरें लाएंगे
भोली भाली आंखों में कुछ ख़्वाब सजा कर छोड़ आए

नींद भरी आंखों से दिल का दर्द सुनाते फिरते हैं
क्या जाने किस मजबूरी में ख़्वाब का बिस्तर छोड़ आए।

---

1. जंगल 2. नैन ज्योति

Naseem Nikhat

Upnaam : Nikhat
Naam : Naseem Nikhat
Janam : 1959 (Barabanki)

Hum ek dasht[1] ki khatir jane kitne samandar chhod aaye
Aankhon ki binai[2] bujha di saare manzar chhod aaye

Hum apne haalat batakar humdardon se kya karte
Dhoop mein chalna majboori thi sar ki chadar chhod aaye

Dhoondh rahi hongi do aankhein aas ki ik qandeel liye
Kuch banjaare ek jungle mein aag jalakar chhod aaye

Hum pardes se lautenge to sab taabeerein layenge
Bholi bhali aankhon mein kuch khwab sajakar chhod aaye

Neend bhari aankhon se dil ka dard sunaate phirte hain
kya jane kis majboori mein khwab ka bistar chhod aaye.

---

1. Jungle 2. Nain jyoti

Mairaj Faizabadi

Alias : Mairaj
Name : Mairaj Faizabadi
Birth : 1931(Faziabad)
Death : 2009

They are putting a price on their old mother's affection
For her prayers, the rich sons want to pay a compensation

Holding their finger I have taught them how to walk, but today
The price of my walking stick, they mind to pay

I have had to sell my art due to some compulsion
In exchange for my self-respect, they think, a deal I have done

The lights are willing to be blown out for a price
How can I with darkness make a compromise

What is its worth, O Mairaj, what can your poetry do
The people here are putting a price on 'Bang-e-Dara' too.

تخلص	:	معراج
نام	:	معراج فیض آبادی
پیدائش	:	1931 (فیض آباد)
وفات	:	2009

تھکی ہوئی ماتا کی قیمت لگا رہے ہیں
امیر بیٹے دُعا کی قیمت لگا رہے ہیں

میں جن کو اُنگلی پکڑکے چلنا سِکھا چکا ہوں
وہ آج میرے عصا کی قیمت لگا رہے ہیں

مری ضرورت نے فن کو نیلام کردیا ہے
تو لوگ میری اَنا کی قیمت لگا رہے ہیں

میں اندھیروں سے مصالحت کیسے کر سکوں گا
چراغ میرے ہوا کی قیمت لگا رہے ہیں

یہاں پہ معراجؔ تیرے لفظوں کی آبرو کیا ہے
یہ لوگ "بانگِ درا" کی قیمت لگا رہے ہیں

मअ़राज फ़ै़ज़ाबादी

उपनाम : मअ़राज
नाम : मअ़राज फ़ै़ज़ाबादी
जन्म : 1931 (फ़ै़ज़ाबाद)
देहान्त : 2009

थकी हुई मामता की क़ीमत लगा रहे हैं
अमीर बेटे दुआ की क़ीमत लगा रहे हैं

मैं जिन को उंगली पकड़ के चलना सिखा चुका हूं
वो आज मेरे असा की क़ीमत लगा रहे हैं

मेरी ज़रूरत ने फ़न को नीलाम कर दिया है
तो लोग मेरी अना की क़ीमत लगा रहे हैं

मैं अंधेरों से मसालहत कैसे कर सकूंगा
चिराग़ मेरे हवा की क़ीमत लगा रहे है

यहां पे 'मअ़राज' तेरे लफ़्ज़ों की आबरू क्या है
ये लोग 'बांग-ए-दरा' की क़ीमत लगा रहे हैं।

Mairaj Faizabaadi

Upnaam : Mairaj
Naam : Naseem Nikhat
Janam : 1931 (Faziabad)
Dehaant : 2009

Thaki hui mamta ki qeemat laga rahey hain
Ameer bete dua ki qeemat laga rehey hain

Main jinko ungli pakad ke chalna sikha chuka hun
Woh aaj mere asa ki qeemat laga rehey hain

Meri zaroorat ne fan ko neelaam kar diya hai
To log meri ana ki qeemat laga rehey hain

Main andheron se masalhat kaise kar sakunga
Chairagh mere hawa ki qeemat laga rehey hain

Yahan pe 'Mairaj' tere lafzon ki aabru kya hai
Ye log 'Bang-e-dara' ki qeemat laga rehey hain.

Kuldip Salil

Alias : Salil
Name : Kuldip Salil
Birth : 1938 (Sialkot, Pakistan)

With all our wares, we are sitting in the market place
You may buy whichever of them you like, your grace

By all means celebrate your attaining your aim
But, please, do spare a thought for those who have lost the game

What do you think you are going to gain by revisiting that city
If you're looking for a friend or a comforter there, you'll be
   really sorry

For a long time now, neither you have come nor came your memory
In spite of a thousand things to do, I have been sitting idly

You have a reputation only because of them, forget not, O Saqi
There are some people even now in your tavern, who value
   self-respect and dignity

Gone are the times when we boasted of so many friends around
Consider yourself lucky if now even a couple of them are found

Any time now, I can get a call from him, O Salil
From the time I realized it, I have been quite ready to obey his will.

تخلص   :   سلِل
نام   :   کلدیپ سلِل
پیدائش :   1938 (سیالکوٹ)

ہے جو کچھ پاس اپنے سب لئے سرکار بیٹھے ہیں
جو چاہیں آپ لے جائیں، سرِ بازار بیٹھے ہیں

مناؤ جشن منزل پر پہنچ جانے کا تم لیکن
خبر ان کی بھی لو یارو جو ہمت ہار بیٹھے ہیں

تو اب اُس شہر بھی جا کر سکوں پائے گا کیا آخر
وہاں بھی کون سے اے دل تیرے غم خوار بیٹھے ہیں

نہ تو آیا، نہ یاد آئی تیری اِک لمبے عرصے سے
ہزاروں کام ہونے پر بھی ہم بیکار بیٹھے ہیں

اُنہیں سے نام ہے تیرا، نہ بھول اتنا تو اے ساقی
تیرے میخانے میں اب بھی کچھ اک خوددار بیٹھے ہیں

گئے وہ وقت کہتے تھے کہ اتنے دوست ہیں اپنے
مقدر جانئے اچھا اگر دو چار بیٹھے ہیں

کسی بھی وقت آ سکتا ہے اب پیغام بس اُس کا
سنا جس وقت سے ہم نے، سلِل تیار بیٹھے ہیں

कुलदीप सलिल

उपनाम : सलिल
नाम : कुलदीप सलिल
जन्म : 1938 (सियालकोट, पाकिस्तान)

है जो कुछ पास अपने सब लिए सरकार बैठे हैं,
जो चाहें आप ले जाएं सरे-बाज़ार बैठे हैं।

मनाओ जश्न मंज़िल पर पहुंच जाने का तुम लेकिन,
ख़बर उनकी भी लो यारों, जो हिम्मत हार बैठे हैं।

तू अब उस शहर भी जाकर सुकूं पाएगा क्या आख़िर,
वहां भी कौन-से ऐ दिल तेरे ग़मख्वार बैठे हैं।

न तू आया, न याद आयी तेरी इक लम्बे अरसे से,
हज़ारों काम होने पर भी हम बेकार बैठे हैं।

उन्हीं से नाम है तेरा, न भूल इतना तो ऐ साक़ी,
तेरे मैख़ाने में अब भी कुछ-इक ख़ुद्दार बैठे हैं।

गए वो वक़्त कहते थे कि इतने दोस्त हैं अपने,
मुकद्दर जानिए अच्छा अगर दो-चार बैठे हैं।

किसी भी वक़्त आ सकता है अब पैग़ाम बस उसका,
सुना जिस वक़्त से हमने, 'सलिल' तैयार बैठे हैं।

Kuldeep Salil

Upnaam : Salil
Naam : Kuldip Salil
Janam : 1938 (Sialkot, Pakistan)

Hai jo kuch paas apne sab liye sarkaar baithein hain,
Jo chahein aap le jaayein sare-bazaar baithein hain.

Manao jashn manzil par pahunch jaane ka tum lekin,
Khabar unki bhi lo yaaron, jo himmat haar baithe hain.

Tu ab us shahar bhi jaakar sukoon paayega kya aakhir,
Wahan bhi kaun-se ae dil tere ghamkhwar baithein hain.

Na tu aaya, na yaad aayi teri ek lambe arse se,
Hazaaron kaam hone par bhi hum bekaar baithein hain.

Unhi se naam hai tera, na bhool itna to ae saqi,
Tere maykhane mein ab bhi kuchh-ek khuddar baithein hain.

Gaye woh waqt kehte the ki itne dost hain apne,
Muqaddar jaaniye achcha agar do-chaar baithein hain.

Kisi bhi waqt aa sakta hai ab paigham bas uska,
Suna jis waqt se hamne, 'Salil' taiyar baithein hain.

Hind Pocket Books and Full Circle publish books on inspirational subjects, religion, philosophy, and natural health. The objective is to help make an attitudinal shift towards a more peaceful, loving, non-combative, non-threatening, compassionate and healing world.

We continue our commitment towards creating a peaceful and harmonious world and towards rekindling the joyous, divine nature of the human spirit.

Our fine books are available at all leading bookstores across the country and the Full Circle premium bookstores below:

FULL CIRCLE PUBLISHING

Editorial Office

J-40, Jorbagh Lane, New Delhi-110003
Tel: 011-24620063, 24621011 • Fax: 24645795

Bookstores

23, Khan Market, 1st & 2nd Floor
New Delhi-110003 Tel: 011-24655641/2/3

N-16, Greater Kailash Part I Market
New Delhi-110048 Tel: 011-29245641/3/4

Number 8, Nizamuddin East Market
New Delhi-110013 Tel: 011-41826124/5

G-27, Sector-18, Noida - 201301
Tel. : 0120-4308504-07

www.fullcirclebooks.in

contact@fullcirclebooks.in
mail@hindpocketbooks.in

INDIAN BOOK SHELF
55, Warren St., London W1T 5NW
Ph. : (020) 7380 0622
E-mail : indbooks@aol.com